此项研究获得以下资助：

国家科技支撑计划项目“三方工程中国语言资源有声数据库技术规范与平台研发”（2014BAK04B00）

中国语言资源保护工程专项任务“顶层设计”（YB1513A000、YB1630B030）

中国语言生活绿皮书

国家语言文字工作委员会发布

YW A007

中国语言资源调查手册
汉语方言

教育部语言文字信息管理司
中国语言资源保护研究中心

省（市直辖、自治区、特区）	
地区（市地级、自治州、盟）	
县（市县级、区、自治县、旗）	
方言（区、片、小片）	

商务印书馆
创于1897 The Commercial Press

2019年·北京

图书在版编目(CIP)数据

中国语言资源调查手册.汉语方言/教育部语言文字信息管理司,中国语言资源保护研究中心编著.—北京:商务印书馆,2015(2019.9重印)
(中国语言生活绿皮书)
ISBN 978-7-100-11407-3

Ⅰ.①中…　Ⅱ.①教…②中…　Ⅲ.①语言调查—中国—手册②汉语方言—语言调查—手册　Ⅳ.H1-62

中国版本图书馆CIP数据核字(2015)第133692号

中国语言资源调查手册
汉语方言

教育部语言文字信息管理司
中国语言资源保护研究中心

商 务 印 书 馆 出 版
(北京王府井大街36号　邮政编码100710)
商 务 印 书 馆 发 行
北京艺辉伊航图文有限公司印刷
ISBN 978-7-100-11407-3

2015年7月第1版　　开本787×1092 1/16
2019年9月北京第5次印刷　　印张12½

定价:39.00元

《中国语言生活绿皮书》说明

《中国语言生活绿皮书》由国家语言文字工作委员会发布，旨在贯彻落实《中华人民共和国国家通用语言文字法》，提倡"语言服务"理念，引导社会语言生活和谐发展，为构建和谐社会做贡献。

《中国语言生活绿皮书》分A、B两个系列，各自连续编号发布出版。

A系列是语言文字"软性"规范。语言文字规范标准制定难度大、涉及面广，往往需要较长的试行试用过程；许多语言文字现象具有弹性，不易在短期内形成共识或不宜做"硬性"规定；语言文字信息处理等领域急需相应规范，但一时又难以妥帖制定。以《中国语言生活绿皮书》的形式发布一些"软性"规范，是为了适应语言文字规范制定的复杂情况，满足社会语言生活的多种需求。

A系列的作用是引导社会语言文字应用，向社会提供参考，并鼓励采用。规范加上"草案"字样，以与国家正式的语言文字规范有所区别。有些"软性"规范通过试用完善，可以升为正式规范。

B系列是中国语言生活的状况与分析，主要发布语言生活的各种调查报告和实态数据。国家发展的历史进程中，会遇到不少语言文字问题；世界语言生活风云万千，会对参与世界事务越来越多的中国发生各种影响。了解国内外语言生活状况，研究现实语言生活问题，对制定科学的语言规划、保护与开发语言资源、保证语言生活的和谐与活力，具有十分重要的意义。

B系列是"实态"性质的：报告内容是实态的，语言数据的统计及其技术也是实态的。及时发布语言生活的实况与数据，就像发布水文监测、空气质量监测和气象监测数据一样，能为国家相关部门的决策提供参考，为语言文字研究者、产品开发者和社会其他应用者提供语言服务。

《中国语言生活绿皮书》是开放的。发布的内容不局限于国家语言文字工作委员会的科研项目，也吸纳社会优秀成果。《中国语言生活绿皮书》的出版也是开放的，欢迎各家出版社加入出版行列，出版内容和出版单位的选定，都遵循一定的遴选程序。

许嘉璐先生为《中国语言生活绿皮书》题字。国家语委历任领导都很关心《中国语言生活绿皮书》的编辑出版工作。相关课题组做出了贡献，一些出版单位和社会人士也给予了支持与关心。在此特致谢忱！

教育部语言文字信息管理司

目　录

第一编　技术规范

第二编　调查表

第一编

技术规范

壹 调查规范

一 调查地点

1. 一县一点

一般情况下，每个使用汉语的县（指“汉语通用县”和“汉语-少数民族语言兼用县”）设1个调查点。

说明：“县”包括县、自治县、旗、自治旗、县级市、市辖区等县级行政单位。下文同。

2. 一县二点

以下情况，一县需分设二点：

（1）一县内存在两种区属不同且分布较广的方言。这里的“区属”是指大方言区或方言片。例如福建省浦城县存在吴语和闽语两种方言，浙江省乐清市存在吴语台州片和吴语瓯江片两种方言。如果存在三种以上的方言，一般取其最主要的两种。

（2）历史上（清代至今）曾经属于两个县，但今天已合并为一个县。例如浙江省桐乡市，旧为桐乡县和崇德县，1958年撤崇德县并入桐乡县（1993年改为桐乡市）。

如果合并的县有三个以上来源，一般取其最主要的两个来源。

如果撤掉的县分归多个不同的县，以其主要部分为准。

3. 多区一点

位于城区或主要位于城区的所有市辖区作为一个县级行政单位对待，位于城区之外的市辖区视为独立的县级行政单位。例如北京市的东城、西城、朝阳、海淀、丰台、石景山等区合起来视为一个县级行政单位，门头沟、房山、通州、顺义、昌平、大兴、怀柔、平谷等区各视为独立的县级行政单位。

4. 调查点的选择

一县一点的，一律以县城（老城区）为调查点。

一县二点的，非县城调查点应选择在当地影响较大的地点。

二 调查对象

1. 方言发音人

每个调查点均需要调查老年男性、青年男性、老年女性、青年女性等4名汉语方言发音人，分别用"方言老男"、"方言青男"、"方言老女"、"方言青女"来指称，有时简称为"老男"、"青男"、"老女"、"青女"。

方言发音人条件：

（1）老年发音人调查时年龄在55-65岁之间，青年发音人调查时年龄在25-35岁之间，老年发音人和青年发音人（特别是"方言老男"和"方言青男"）之间的年龄间隔应不小于25岁。

（2）必须在当地出生和长大，家庭语言环境单纯（父母、配偶均是当地人），未在外地长住，能说地道的当地方言。

（3）老年发音人具有小学或中学文化程度（一般不宜选择大专及其以上文化程度的），青年发音人不作限制。

（4）具有较强的思维能力、反应能力和语言表达能力，发音洪亮清晰。

如果选择发音人有困难，限制条件可适当放宽。

2. 口头文化发音人

"口头文化"可由不同发音人提供。口头文化发音人条件参照方言发音人，但可根据具体情况灵活掌握。

如果条件符合，方言发音人可以兼任口头文化发音人。

在调查各级各类非物质文化遗产名录中与语言相关的条目时，优先选择代表性传承人配合调查。

3. 地方普通话发音人

每个调查点选择3名以当地汉语方言为母语的地方普通话（简称"地普"）发音人。地普发音人1（简称"地普1"）的普通话水平相当于三甲。"地普2"和"地普3"的普通话水平不入级，其中"地普2"接近三乙，"地普3"普通话水平最差。

如果条件符合，方言发音人和口头文化发音人可以兼任地普发音人。

4. 调查对象汇总

每个调查点需调查的发音人及其调查内容如下（见表1）。

表1 调查对象及其调查内容

名称	性别	年龄	概况	语音	词汇	语法	话语	口头文化	地普
方言老男	男	调查时55-65岁	√	√	√	√	√		

（续表）

方言青男	男	调查时25-35岁	√	√			√		
方言老女	女	调查时55-65岁	√				√		
方言青女	女	调查时25-35岁	√				√		
口头文化发音人	不限	不限	√					√	
地普1	不限	不限	√						√
地普2	不限	不限	√						√
地普3	不限	不限	√						√

三　调查内容

1. 概况

包括调查点概况、发音人情况、调查人情况、调查情况。

2. 语音

（1）音系（声韵调系统）。

（2）1000字。

3. 词汇

1200词。

4. 语法

50条语法例句。

5. 话语

（1）讲述，任选一个或多个话题进行讲述，每人共20分钟。

（2）对话，任选一个或多个话题进行对话，共20分钟。

6. 口头文化

包括“歌谣”、“故事”、“自选条目”。其中“故事”包括“规定故事”和“其他故事”。口头文化部分总时长共20分钟。

请注意调查搜集各级各类非物质文化遗产名录中与语言相关的条目。

7. 地普

（1）讲述1个规定故事，每人讲述时长要达到3分钟。

（2）朗读2篇文章。

对某个发音人需要调查哪些内容，参看表1。具体调查条目见“第二编　调查表”。

四 调查方法

（一）调查工作要求汇总

各发音人的调查工作要求如下（见表2-表6）。

表2 方言老男

	概况	语音音系	语音单字	词汇	语法	话语	口头文化	地普
纸笔记录	√	√	√	√	√			
录音			√	√	√	√		
摄像			√	√	√	√		

表3 方言青男

	概况	语音音系	语音单字	词汇	语法	话语	口头文化	地普
纸笔记录	√	√	√					
录音			√			√		
摄像			√			√		

表4 方言老女、方言青女

	概况	语音音系	语音单字	词汇	语法	话语	口头文化	地普
纸笔记录	√							
录音						√		
摄像						√		

表5 口头文化发音人

	概况	语音音系	语音单字	词汇	语法	话语	口头文化	地普
纸笔记录	√						√（每个条目只记第一句）	
录音							√	
摄像							√	

表6 地普1、地普2、地普3

	概况	语音音系	语音单字	词汇	语法	话语	口头文化	地普
纸笔记录	√							
录音								√
摄像								√

（二）调查工作程序

1. 总说

（1）每个调查点组建一个调查团队，调查团队中应有熟悉录音、摄像、照相和电脑技术的工作人员。

各地区或项目也可组建专业摄录团队，专门负责各调查点的录音、摄像等工作，即方言调查、音像摄录工作由调查团队和摄录团队分别承担。

（2）中国语言资源保护研究中心给每个调查点提供一个“调查点文件包”，里面包括“软件和样本”、“需交文件电子版”两大部分内容。

（3）每个调查点使用一本《调查手册》（同一个调查点需要用笔记录的内容都记在同一本《调查手册》上）。

（4）所有调查都在调查点实地进行，摄录工作可视具体情况选择适当场所进行。

2. 准备阶段

（1）联系当地有关政府部门。

（2）物色发音人，可采取集中遴选方式确定发音人。

给发音人讲解“调查规范”和“调查表”，让发音人熟悉有关要求和材料，做好必要的准备。

（3）选择摄录场所，进行录音和摄像的准备工作。

3. 调查阶段

（1）在“调查表”上记录“概况”，无内容的项目记作“（无）”。（如有必要，可请当地有关政府部门协助）

（2）在“调查表”上记录“方言老男”的“语音”、“词汇”、“语法”。

（3）在“调查表”上记录“方言青男”的“语音”。

（4）在“调查表”上记录“口头文化”，但其中的“规定故事”无需在“调查表”上进行记录。

（5）“话语”和“地普”无需在“调查表”上进行记录，但要请发音人提前熟悉调查内容。

（6）根据“调查表”上所记录的调查结果，填写或修改“方言老男”的“单字”、“词汇”、“语法”、“话语讲述”，“方言青男”的“单字”、“话语讲述”，“方言老女”和“方言青女”的“话语讲述”，“方言多人”的“话语对话”，“口头文化发音人”的“口头文化”等“录音用表”。“地普 1”、“地普 2”和“地普 3”的录音用表无需修改。录音用表一律由中国语言资源保护研究中心统一提供。（录音用表位于“调查点文件包\需交文件电子版\录音”文件夹里）

（7）用录音软件和录音用表进行录音，所有录音内容都要同步摄像。（录音软件 byly、语保摄录机和 Audacity 及其说明文件位于“调查点文件包\软件和样本\录音软件”文件夹里）

4. 注意事项

（1）语音

①“音系”例字后面分别只记声调、声母、韵母（所有“音系”例字都在后面的“单字”里重复出现）。整理出声韵调系统，声韵调可据词汇等材料补充，声母、韵母的排列方式参照北京大学中国语言文学系语言学教研室编《汉语方音字汇》（语文出版社，2003 年），各声韵调都要配例字（声调表直接在调查表上把例字和调类划在一起，声母表把全部声母调查用字分别写到相应的声母后面，韵母表把全部韵母调查用字分别写到相应的韵母后面）。调类名称尽量遵循汉语方言学界通行的命名规则。因分化而成的调类，命名时加分化的语音条件，例如“阴平”（清声母平声）、“全阴平”（全清声母平声）、“尾阴平”（带韵尾的清声母平声）等。因合并而成的调类，如能确定归并的方向，以归并目标的那个字类命名，例如北京话全浊上归去，称为“去声”；如不能确定归并的方向，以“尽前不尽后”的原则命名，并在“备注”列说明“调类名称待定”，例如清平、清去合并但不能确定是清平归清去还是清去归清平，暂称为“阴平”，并在“备注”列说明“调类名称待定”。在“关于音系的说明”页上详细写明声韵调音值说明，以及两字组连读变调规律、儿化小称音变规律和其他主要的音变规律，据《调查手册》之外的语料补充的声韵调音位也记在此处，无内容的条目记作“（无）”。“关于音系的说明”也可用计算机填写后打印出来附到调查手册里。

②注意字目的“限定条件”（“注意声”、“注意韵”、“注意调”是提示该字可能在声、韵、调方面有特殊读音，“注意声调”指包括声母和声调）。

③注意记出文白异读、又读等“一字多音”现象。

④如果某个单字方言不说，记作“（无）”。

（2）词汇

①先记汉字再记音标，即使方言说法与词目相同，也要再写一遍汉字。

②注意词目的“限定条件”，注意方言词语的意义、用法是否与词目完全相当，必要时应加以说明、举例。

③注意“有名无物”现象，例如有的地方无“稻子”这种植物，但有相应的说法。属于这种情况的，如方言说法是本方言地道的口语说法，应记出，并注明“有名无物”；如带有明显的书面或外来色彩，不记。

④注意记出“一词多说”现象（“一词多说”指同一个概念有多个说法），“一词多说”按自然度和常用程度降序排列，各词之间用斜线“/”隔开。

⑤如果某个词汇条目方言不说，记作“（无）”。

⑥注意方言用字问题。

（3）语法

①先记汉字再记音标，即使方言说法与例句相同，也要再写一遍汉字。

②注意例句的“说明”，注意方言句子的意义、用法是否与例句完全相当，必要时

应加以说明。

③注意记出“一句多说”现象，“一句多说”按自然度和常用程度降序排列，各句之间用斜线“/”隔开。

④注意方言用字问题。

（4）话语

①请发音人提前熟悉“讲述”的话题，录音时用方言自然地讲述，越具体、越详细越好。

②“对话”由4位方言发音人当中的3人（要求包括“方言老男”和“方言青男”）共同参与完成，人数也可以是4人，但不能少于3人。

③录音时如有必要，调查人也可简单插话。

④录音时长不能少于规定时间，但可超过。

（5）口头文化

①在“调查表”里每个条目只记开头第一句话（只写汉字不写音标）。

②“规定故事”要请发音人提前熟悉故事内容，并有所准备，录音时用方言把故事的意思自然地讲述出来，内容可发挥，篇幅可加长。讲述时不允许看文本。

③“口头文化”部分单设“自选条目”节，用来记录不属于“歌谣”和“故事”的口头文化内容。

（6）地普

①“规定故事”要请发音人提前熟悉故事内容，并有所准备，录音时用普通话把故事的意思自然地讲述出来，内容可发挥，篇幅可加长。讲述时不允许看文本。

②“朗读”的文章可提前让发音人熟悉内容，但不允许查字典注音。

（7）录音用表

①在各录音用表中可根据需要填写或修改“方言”列（在表中以彩底显示）的内容。为了节省填写时间，录音用表已把调查条目拷贝至“方言”列，调查人只需在此基础上根据本方言的实际情况“修改”即可。

②单字录音用表：根据调查结果，在“方言”列留下可读的汉字（不标音），删去不读的汉字并标作“（无）”。如果一字有多个读音，用斜线“/”表示，写作“多/多”、“拖/拖/拖”的形式（一音写一字）。

③词汇录音用表：根据调查结果，修改“方言”列的汉字，“有音无字”者用“#1”、“#2”、“#3”等加音标的方式表示，例如“#1[xat2]”（参看“九·（二）·7”）；方言无此说法的条目标作“（无）”。如果一词有多种说法，用斜线“/”表示，写作“太阳/老爷儿”、“日/日头/日头公”的形式。

④语法录音用表：根据调查结果，修改“方言”列的汉字，“有音无字”者用“#1”、“#2”、“#3”等加音标的方式表示。如果一句有多种说法，用斜线“/”表示，写作“尔平常烟吃弗个？/尔平常吃烟弗个？”的形式。

⑤话语录音用表：在“话语讲述”和“话语对话”录音用表中，将发音人不说的话题的“方言”列内容删去并标作“（无）”。

⑥口头文化录音用表：根据调查结果把每个条目开头第一句话的汉字填写到“方言”列，无内容的条目一律在“方言”列标“（无）”。

（8）录音摄像

录音、摄像工作可根据具体情况选择以下模式：

①调查团队自行负责录音、摄像工作。这种工作模式适合技术力量较强的团队。

②由专门的摄录团队负责录音、摄像等工作。采取这种工作模式的，调查团队需派人参与摄录过程，负责摄录内容的准确性。

（9）图像调查表

由于文字条目在不同方言区可能有不同理解，容易对调查对象产生定向诱导，为进一步提升调查准确性并降低调查难度，本书配套了的《图像调查表》，对部分词汇调查条目进行了图像化，利用图片或动画辅助进行调查。图像化的条目不仅直观，而且有利于得到更多的具有方言特色的词语。与本书配套的《图像调查表》在北京语言大学中国语言资源保护研究中心网站（http://www.chinalanguages.org/）下载，下载后导入语保摄录机使用。

说明：

1. 纸笔记录的内容应直接记在《调查手册》上，注意不要漏记内页封面上的方言系属。

2. 正式录音和摄像应在其他调查工作全部完成后集中进行。

3. 所有录音文件都要及时复听，以检查录音的效果和质量。所有视频都要及时复看，以检查摄像效果和质量。

4. 为避免重复劳动，应把最初的部分录音、视频文件交给项目负责人审核。

5. 调查结束时应请发音人签署全部调查资料的授权书，从其他调查对象调查得到的音像材料必要时应获取调查对象的书面授权。

五 录音

（一）录音器材

下列两种推荐方案，其中“器材方案②”适合较熟悉电脑录音器材的人。只要录音参数和录音质量能够达到规定要求，也可使用其他型号的器材。

1. 器材方案①：笔记本电脑＋专业录音话筒

（1）笔记本电脑：运行噪音低的笔记本电脑，例如联想 ThinkPad X、T 系列（2G 以上内存，USB2.0 以上接口，Windows XP、Windows7 或 Windows 8 操作系统）。

（2）话筒（心形指向、全指向可调；话筒内带声卡）：SAMSON C03U。

（3）防喷罩：奥创 Alctron MA016。

（4）话筒支架：得胜 NB-102。

2. 器材方案②：笔记本电脑＋专业 USB 外置声卡＋专业录音话筒

（1）笔记本电脑：同“器材方案①”。

（2）外置声卡：TASCAM US-144MKII。

（3）主话筒（头戴式，心形指向）：AKG C520。

（4）次话筒（桌面式，全指向）及其基座：次话筒 AKG CK 92（AKG Blue Line），基座 AKG SE300B。

（5）监听耳机（调查人用）：AKG K99。

注：心形指向话筒更适用于单人发音，全指向话筒更适用于多人对话。SAMSON C03U 话筒具有指向切换功能，居中为心形指向，右侧为全指向，左侧为 8 字形指向。（选择心形指向录音时要将带有“SAMSON”标志的一面朝向发音人）

（二）准备工作

1. 场所

为保证录音质量，最好在专业录音室里录音。

如果没有专业录音室，应在安静的房间里录音。关严门窗，关掉风扇、空调、日光灯、手机等电器。

口头文化中表演性条目（例如曲艺、戏剧）的录音可在实用环境中进行，录音时应尽量保证音质。如果实在无法专门录音，可从视频文件中提取音频存成单独的录音文件。

2. 话筒

装好话筒支架，固定防喷罩，将话筒置于防喷罩后。如无防喷罩，发音时嘴巴不要正对话筒，以防“喷麦”。发音人和话筒之间应尽量保持固定的角度和距离。

3. 声卡

使用“器材方案②”时，需关闭电脑的内置声卡。这里以 Windows XP 为例。从“控制面板”进入“性能和维护 \ 系统 \ 硬件 \ 设备管理器 \ 声音、视频和游戏控制器”，打开“声音、视频和游戏控制器”后右击内置声卡（名称因电脑而不同，例如 SoundMAX Integrated Digital HD Audio），并选择“停用”，就可关闭内置声卡。

注意：当结束调查、停用外置声卡后，需重复上述步骤，右击内置声卡并选择“启用”，以启用内置声卡。

4. 提示方式

事先和发音人明确“开始录音”、“停止录音”的提示方式，例如出示写着“开始”、“停止”的标志，或用不同的手势示意。

5. 试录

为了让发音人了解录音过程及其要求、测试录音效果，在正式录音之前，应让发音人试录部分调查条目。注意发音人在录音过程中不要过于频繁地吧唧嘴、使劲咽吐沫、大声喘气等，以免产生太多杂音。

（三）录音软件

录音软件推荐使用 byly（北语录音）或语保摄录机（可设置为仅录音）；Audacity 用于监测录音效果和编辑录音文件，必要时也可用于录音。只要录音文件的形式和质量符合规定的要求，也可使用其他录音软件，例如 Adobe Audition、Cool Edit Pro、Sonar LE（SAMSON C03U 附带）、Cubase LE 4（TASCAM US-144MKII 附带）等。注意有的硬件与录音软件之间可能会出现不兼容问题，如果出现问题需及时调整更换有关硬件或软件。

1.byly（北语录音）

byly（北语录音）是一款免费的录音软件，简便、易学、易用，适用于一般的语言调查特别是汉语方言调查。byly（北语录音）具有以下功能：

（1）对调查条目逐条录音，录音时同步显示波形。

（2）自动逐条保存并命名录音文件。

（3）对已录条目重新录音后自动替换旧文件。

该软件亦可从北京语言大学中国语言资源保护研究中心网站（http://www.chinalanguages.org/）下载。

2. 语保摄录机

语保摄录机仅用于录音时，除了具备 byly（北语录音）软件的全部功能，还具备自动录音、语声质量检测、信息标记、图片关联（导入与本书配套的《图像调查表》）等功能。该软件亦可从北京语言大学中国语言资源保护研究中心网站（http://www.chinalanguages.org/）下载。

3.Audacity（本书以 win-unicode-1.3.12 版为例）

Audacity 是一款免费的录音和音频处理软件，使用广泛，支持中文界面显示，在 Windows XP、Windows 7、Windows 8 等操作系统中都能稳定运行。Audacity 可用于测试背景噪音、录音、标注录音、剪辑录音、批量切分音频文件、消除噪音等。

（四）录音参数

1. 基本参数

声道：单声道。

采样率：44100Hz。

采样精度：16bit。

音频格式：Windows PCM（*.wav）。

byly（北语录音）和语保摄录机已设置以上参数为默认值。

使用其他录音软件时需自行设置参数。在 Audacity 中，点击“编辑\Audacity 喜好选项”进行设置。

（1）设置录音设备和声道

使用“器材方案①”时，点击“设备”，确认“回放 Device”为电脑内置声卡，“正在录音 Device”为 Samson C03U（系统会自动调用，无需设置；如果找不到

Samson C03U，可重新启动操作系统或卸载其他外置声卡的驱动；保险起见可将电脑自带的其他录音设备全部停用），“Channels”选择“单声道”。（参看图 1）

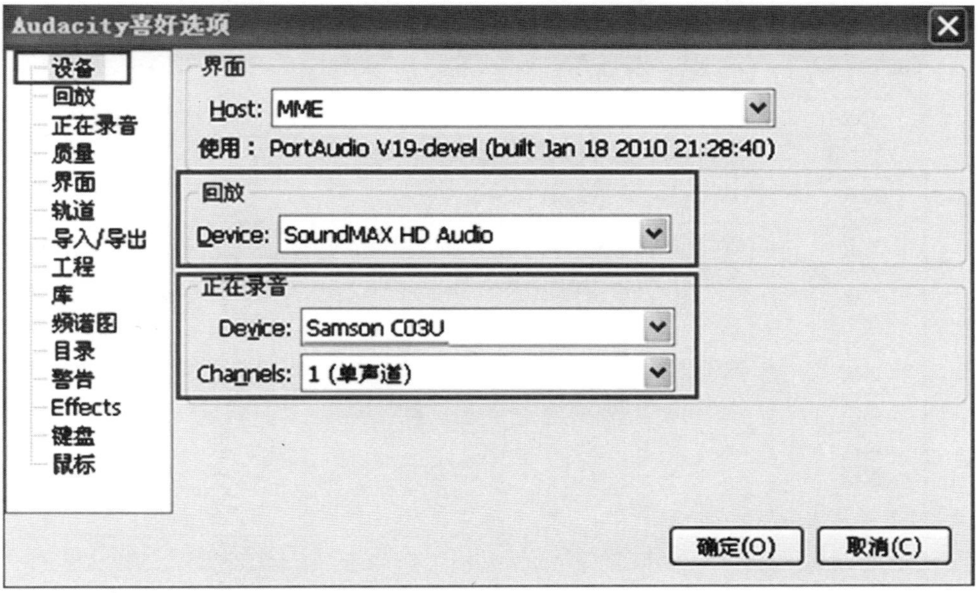

图 1　设置录音设备（器材方案①）

使用“器材方案②”时，点击“设备”，确认“回放 Device”和“正在录音 Device”均为 TASCAM US-144MKII，“Channels”选择“单声道”。（参看图 2）

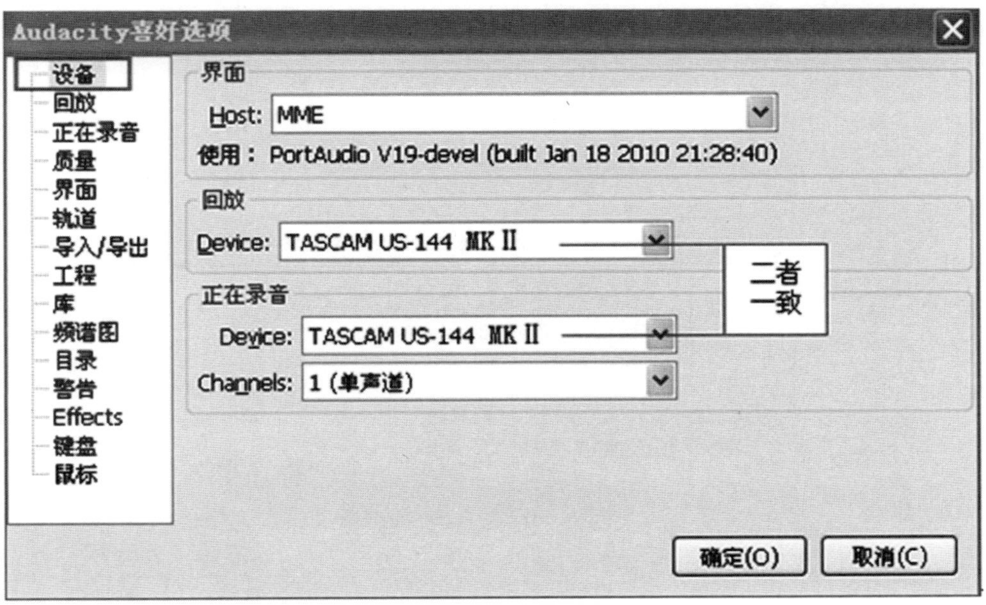

图 2　设置录音设备（器材方案②）

（2）设置采样率和采样精度

点击“质量”，在“采样”右侧下拉菜单中分别选择“44100Hz”和“16-bit”。（参看图3）

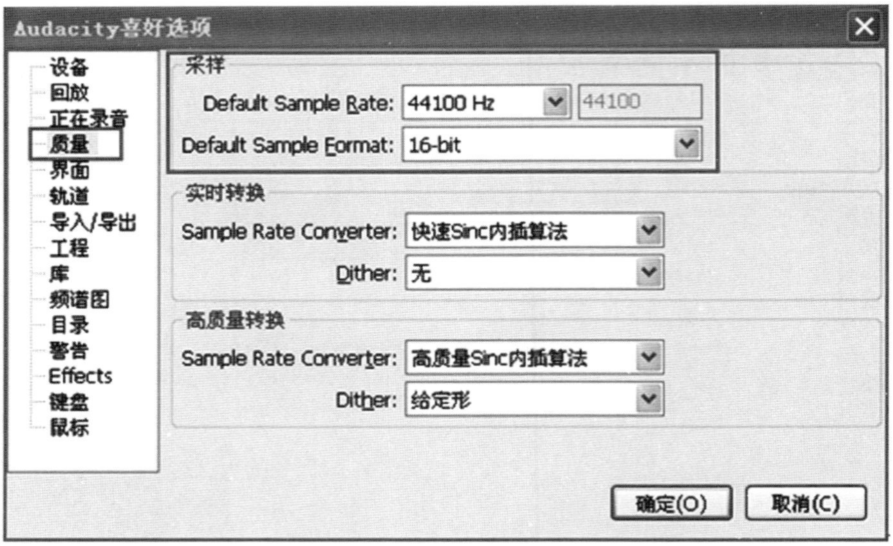

图3 设置采样率和采样精度

（3）设置音量动态指示范围

点击“界面”，在“Meter/Waveform dB range”右侧下拉菜单中选择“-96 dB（PCM 16 bit 采样范围）”。（参看图4）

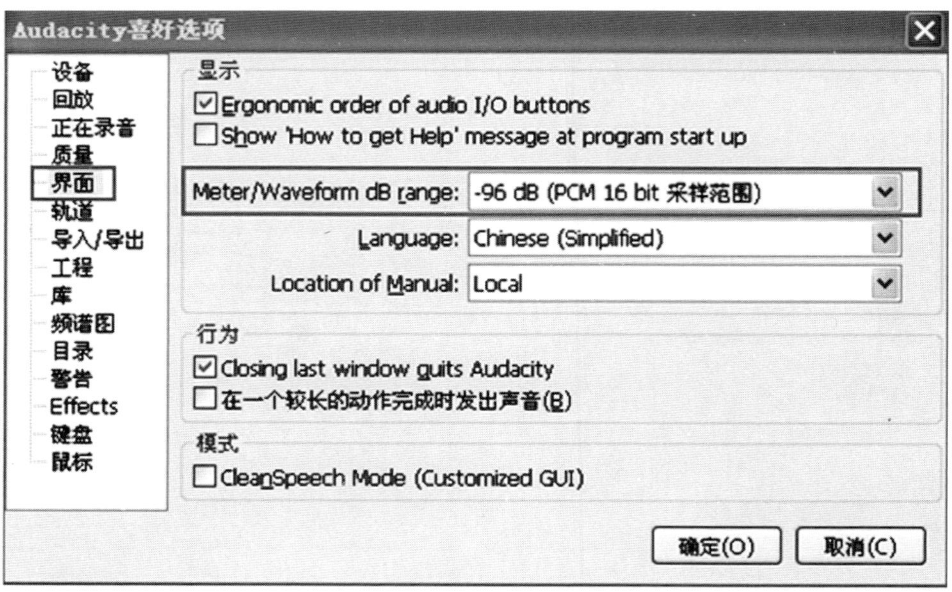

图4 设置音量动态指示范围

（4）设置默认视图模式

点击“轨道”，在“默认视图模式”右侧下拉菜单中选择“波形（dB）”。

完成上述设置后，点击“确定”。

2. 背景噪音和语音音量

背景噪音：不能大于“-48dB”，最好控制在“-60dB”以下。

语音音量：最大值应达到“-18dB”以上，最好不要超过“-6dB”。

在正式录音之前，需要先测试背景噪音和语音音量，以保证录音质量。如果背景噪音和语音音量不符合要求，可通过消除噪音源或调整设备输入音量等方式来进行调整。这里以 Audacity 为例。

（1）调整音量刻度

运行 Audacity，移动鼠标至界面右侧“话筒”图标所在刻度条的最右端，此时光标呈左右箭头状。（参看图 5）

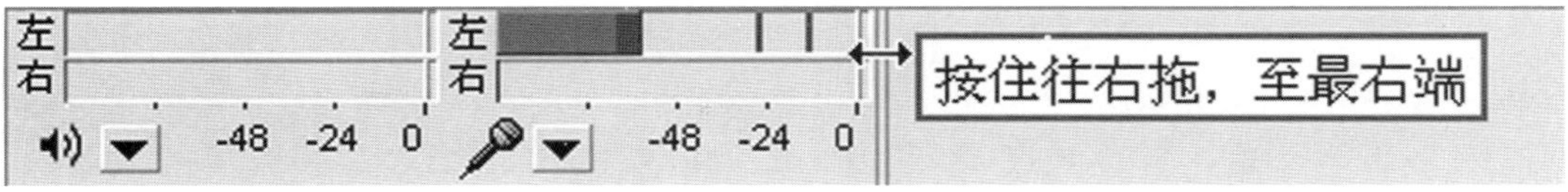

图 5 调整音量刻度

按住鼠标左键把整个刻度条往右拖动，使之充满整个软件窗口，此时音量刻度条显示出“-72”、“-60”等刻度。（参看图 6）

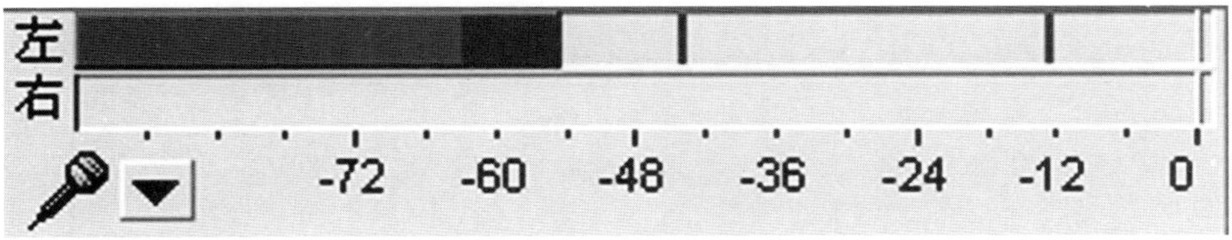

图 6 调整后的效果

这样，就可以测试背景噪音和语音音量的大小了。需要说明的是，较常见的录音软件都用负数区间表示音量范围，音量范围从小到大为“-∞～0”，“0”表示音量的上限，即能采录的最大音量值。

（2）测试背景噪音音量

单击“话筒”图标右上侧的凹陷区域，暗红指示条越往右靠近“0”表示背景噪音越大，越往左背景噪音越小。（参看图 6）为了保证音质，背景噪音音量最好控制在“-60”以下（例如“-72”），不能大于“-48”。如果大于“-48”（例如“-36”），说明背景噪音过大，需找到噪音源并设法消除，或适当调小输入音量。

（3）测试语音音量

在正式录音之前，可请发音人试录几个字、词或句子。暗红指示条越往右靠近

“0”表示语音音量越大，越往左语音音量越小。（参看图 6）为了保证音质，语音音量的最大值应达到“-18”以上（例如“-12”、“-9”），但最好不要超过“-6dB”。如果音量过小（例如“-36”），会因语音信号太弱而影响录音质量（但有的音如轻声本来就弱，不宜一概而论）。如果大于“0”，会因音量过大而导致削波失真。

（4）调整输入音量

使用“器材方案①”时，需通过电脑自带音频系统调整输入音量。这里以 Windows XP 为例。（参看图 7）从“控制面板”进入“声音、语音和音频设备 \ 声音和音频设备 \ 语声”，此时“录音”框里的“默认设备”应为“Samson C03U”，点击“录音”框里的“音量”，将“Wave In”音量的滑标上下滑动，就可调高或调低输入音量。

使用“器材方案②”时，需在外置声卡（TASCAM US-144MKII）上调整输入音量。（参看图 8）当 PHANTOM、MIC LINE、MONO 三个开关处于“ON”状态，话筒接在左声道或右声道时，可用 INPUT 旋钮调整输入音量。如果话筒接在左声道入口就旋转 INPUT L 调整音量（图中用方框表示），如果话筒接在右声道入口就旋转 INPUT R 调整音量。当 INPUT 旋钮上的指示线往“MIC”方向旋转时可调大输入音量，反之调小。

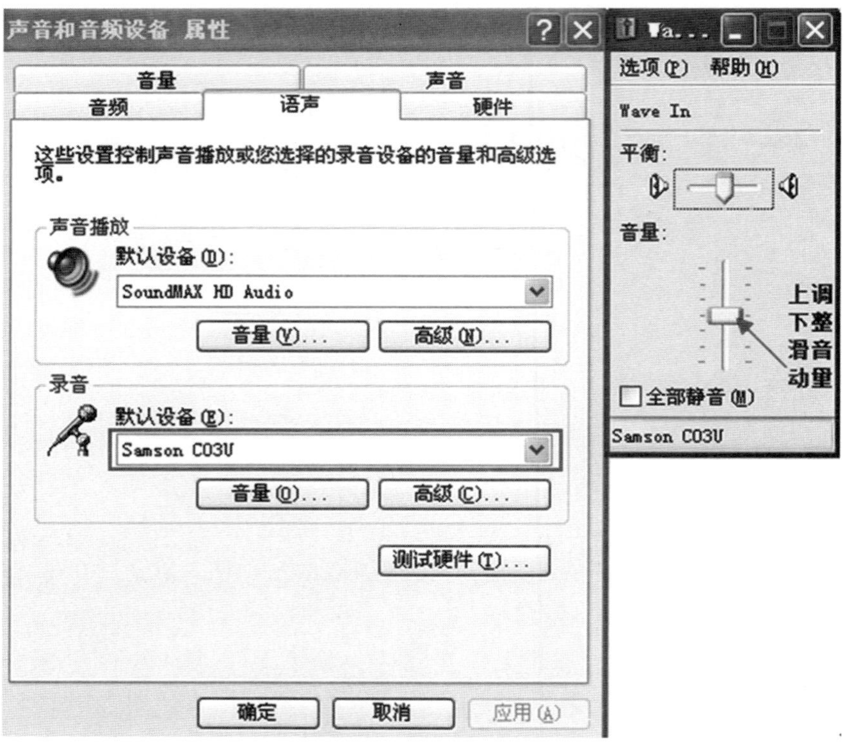

图 7 在电脑上调整输入音量

图 8　在外置声卡上调整输入音量

利用上述方法调高输入音量会导致背景噪音升高，应避免顾此失彼。

此外，通过调整话筒与发音人的嘴巴之间的距离，或让发音人调整发音的音量，可以在不改变背景噪音音量的情况下调整语音音量。

在录音过程中，调查人要及时注意纠正因话筒位置变化或发音人的声音变化而产生音量过大或过小的现象。

（五）录音方法

本节介绍 byly（北语录音）的使用方法。Audacity 的使用方法请参看附在“调查点文件包\软件和样本\录音软件\Audacity”文件夹里的《Audacity 使用说明》。

byly（北语录音）的操作步骤（参看图 9）：

1. 打开 byly（北语录音），点击右侧的“打开文件”，把录音用表导入软件。

2. 选中列表里需要录音的一行。（此时该行显示为蓝色，表下大字显示当前录音条目）

3. 按“回车 Enter”键开始录音。（此时“录音状态”下显示“正在录音”，屏幕右上方显示录音的波形）

4. 录完一条后按“下箭头↓”键进入下一条，继续录音。

5. 录音结束时，按“回车 Enter”键停止录音。（“录音状态”下显示“已停止”）

6. 如只对某一条进行录音或重新录音，选中该条，按“回车 Enter”键开始录音，再按“回车 Enter”键停止录音。

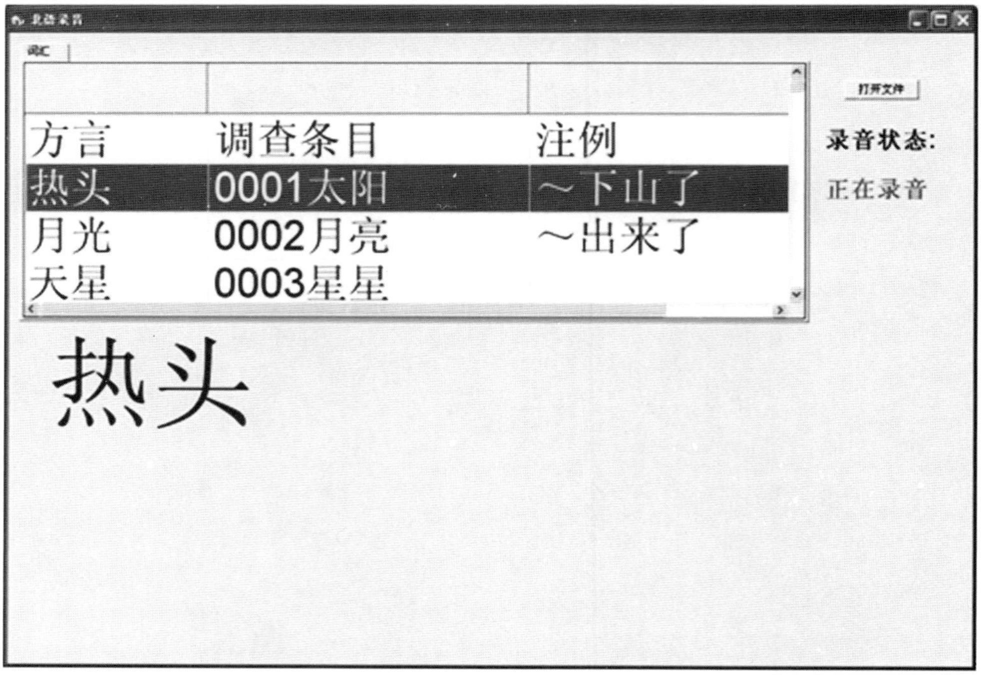

图 9 录音界面图示

注意：

1. 表下大字出现 1 秒钟后开始发音，发音结束 1 秒钟后进入下一条或停止录音。

2. 软件使用环境推荐 Windows XP、Windows 7 或 Windows 8，Office 2003。在使用本软件录音时，不要打开其他录音软件或播放器软件。

（六）录音文件

1. 录音文件一律采用 Windows PCM（*.wav）格式。

2. 一个调查条目为一个独立的文件。

“话语”部分，讲述的每个话题为一个文件，对话里的每个话题为一个文件；“口头文化”部分每个歌谣为一个文件，每个故事为一个文件，每个自选条目为一个文件；“地普”部分，讲述的规定故事为一个文件，朗读的每篇文章为一个文件。“语法”部分一个调查条目有 a、b 两句的，a、b 两句要录在一个文件里，不能分成不同的文件。

如果一个调查条目有多个说法，这几种说法要录在一个文件里，不能分成不同的文件。

注意在录“一个”文件的过程中尽量不要中途断开（发音人如有停顿可继续录），不要分成多个文件。如果分成多个文件，需编辑处理为一个文件。

3. 无内容的调查条目（即在录音用表“方言”列标“（无）”的），无需录音。

4. 在录音文件里发音前后应各空 1—2 秒钟。

5. 供调查人参考的录音样本可在中国语言资源保护研究中心网站（http://www.chinalanguages.org/）下载。

六　摄像

1. 摄像器材

（1）摄像机：全高清数码摄像机，应使用索尼、佳能、松下等一线品牌的摄像机。只要摄像参数和视频质量能够达到规定要求，具体型号不限。

（2）话筒：摄像机配套有线或无线话筒。（使用外接话筒以保证音质）

（3）三脚架：配套三脚架。

（4）全高清摄像头（可选）：例如罗技 C930e

2. 摄像要求

（1）用三脚架把摄像机固定好，调整好三脚架的高度，镜头对准发音人的上半身。

（2）话筒放在发音人前方的适当位置或夹在领口。

（3）尽量用最远拍摄模式拍摄，不使用变焦（拉近放大）功能。如果必须变焦，只能使用光学变焦，不能使用数码变焦。

（4）发音人的背景应整齐干净平整，使用纯蓝色背景，颜色不要太暗。

（5）摄像场所光线应充足。背景布（板）上不要有明显的阴影。发音人的脸部应正对镜头，不要背光，脸部不要有阴影。

（6）口头文化中表演性条目（例如曲艺、戏剧）的摄像可在实用环境中进行，无须设置背景板。

3. 摄像方式

下面介绍几种摄像方式，其中使用摄像机多条连续摄像适用于对视频剪辑较熟悉的人。只要视频参数和视频质量能达到规范要求且不影响录音参数和录音质量，可灵活选择摄像方式或另选其他摄像方式。

（1）语保摄录机摄像

“语保摄录机”（YBSL）是一个条目式语言调查摄录软件，1.0 版具有如下特点：

①具备录音和视频同步采集功能，能按条目对录音和视频文件进行自动切分、命名和存储，支持 1920*1080/25fps 高清视频格式（需配合高清摄像设备，例如罗技 C930e 高清摄像头）。

②支持 Excel 2003 及以上版本的数据文件（*.xls 和 *.xlsx）导入，支持在软件中对国际音标、标注信息等内容直接修改并可保存到源 excel 文件中。

③支持自动和手动连续拍摄。

④可根据自定义的音频参数对录音效果进行监测，对不合格的音频文件要能够自

动报错并标注在源 excel 文件中。

⑤可单独采集音频也可同时采集音视频。

⑥可导入与本书配套的《图像调查表》进行音视频调查采集。

使用语保摄录机进行高清摄像对计算机软硬件系统有如下要求：

①软件系统。已安装好微软 .net Frameworks4.0（或更高版本）的 64 位 Windows7 系列、Windows8 系列、Windows10 操作系统。Office 2003 或更高版本。

②硬件系统。由于本软件要进行高清视频的采集并编码，所以对硬件要求较高。要求配置酷睿 i7 以上的非低电压版 CPU（具体型号为 4600M/3610QM/4700MQ/4702HQ/5700HQ/6700HQ 以上），DDR3 4G 以上内存，转速 7200 转以上以上硬盘（强烈推荐使用固态硬盘），USB 接口不少于 3 个。应使用一线品牌计算机，例如：联想（含 Thinkpad 和 Lenovo）、戴尔（Dell）等。

使用语保摄录机进行摄录的具体操作步骤详见软件附带的帮助文档（Help.chm）。语保摄录机可在中国语言资源保护研究中心网站（http://www.chinalanguages.org/）下载。

（2）摄像机分条摄像

摄像时直接将每个调查条目拍摄成一个独立的文件。具体操作方式为：

①调查人先与发音人核对该调查条目的发音，确认无误后，摄像人开始摄像并给录音人手势，录音人见手势后开始录音并给发音人手势，发音人见手势后正对镜头发音。

②发音结束后，录音人停止录音并给摄像人手势，摄像人见手势后停止摄像，该调查条目的摄录结束，调查人开始与发音人核对下一调查条目的发音。

需要注意的是，分条摄像会导致视频文件较多，为便于后期整理，应在拍摄某些固定条目（比如每 10 条或 20 条的第一条）之前，将该条的编号信息拍摄为一个独立的视频文件，（比如将摄像人读调查条目编号的声音或者写在纸上的调查条目编号单独拍摄成一个文件）以起到提示位置的作用。（只记录编号信息的文件可在后期整理时删除）

（3）摄像机多条连续摄像

摄像时将多个调查条目拍摄在一个文件中，包括以下两种方式。

第一种，发音人与录音人同时看笔记本电脑。具体操作方式为：

①调查人先与发音人一次性核对多个调查条目的发音，确认无误后，摄像人开始摄像并给录音人手势，录音人见手势后开始录音并给发音人手势，发音人见手势后看着笔记本电脑屏幕上的提示逐条发音。

②待多个调查条目的发音全部结束后，录音人停止录音并给摄像人手势，摄像人见手势后停止摄像，这一批调查条目的摄录结束，调查人开始与发音人核对下一批调查条目的发音。

需要注意的是，在拍摄每一批调查条目时，应将编号信息拍摄到视频文件中（开始摄像后摄像人先读一下这一批调查条目的起止编号），以起到提示位置的作用。（用于提示的编号信息可在后期剪辑时从视频文件中删除）此外，应保证发音人的正面、电脑屏幕上的提示内容以及摄像机镜头在一条直线上，且发音人的视线不要过低。

第二种，发音人看独立的电脑显示屏或投影（从笔记本电脑上另接独立的电脑显示屏或投影机）。具体操作方式为：

①调查人先与发音人一次性核对多个调查条目的发音，确认无误后，摄像人开始摄像并给录音人手势，录音人见手势后开始录音并给发音人手势，发音人见手势后看着独立的电脑显示屏或投影屏幕上的提示逐条发音。

②待多个调查条目的发音全部结束后，录音人停止录音并给摄像人手势，摄像人见手势后停止摄像，这一批调查条目的摄录结束，调查人开始与发音人核对下一批调查条目的发音。

需要注意的是，在拍摄每一批调查条目时，应将编号信息拍摄到视频文件中（开始摄像后摄像人先读一下这一批调查条目的起止编号），以起到提示位置的作用。（用于提示的编号信息可在后期剪辑时从视频文件中删除）此外，应保证发音人的正面、独立的电脑显示屏或投影屏幕上的提示内容以及摄像机镜头在一条直线上，且发音人的视线不要过高或过低。

4. 视频文件

（1）视频文件一律选择摄像设备的最高画质、采用全高清模式拍摄，视频文件参数不低于 1920×1080/50i（或 25P）/15000kbps。文件格式视摄像设备而定，例如 *.m2ts、*.mpg。

（2）一个调查条目为一个独立的文件。

"话语"部分，讲述的每个话题为一个文件，对话里的每个话题为一个文件；"口头文化"部分每个歌谣为一个文件，每个故事为一个文件，每个自选条目为一个文件；"地普"部分，讲述的规定故事为一个文件，朗读的每篇文章为一个文件。"语法"部分一个调查条目有 a、b 两句的，a、b 两句要摄在一个文件里，不能分成不同的文件。

如果一个调查条目有多个说法，这几种说法要拍摄在一个文件里，不能分成不同的文件。

注意在拍摄"一个"文件的过程中尽量不要中途断开（发音人如有停顿可继续拍摄），不要分成多个文件。如果分成多个文件，需编辑处理为一个文件。

如果摄像时多条连续拍摄，在语料整理阶段应将每个调查条目切分成独立的文件。

（3）无内容的调查条目（即调查时写"（无）"的），无须拍摄。

（4）在视频文件里发音前后应各空 1—2 秒钟，避免出现音画不同步、可见频闪、明显的噪音和回声等情况。

（5）供调查人参考的视频样本可在中国语言资源保护研究中心网站（http://www.chinalanguages.org/）下载。

七 照相

1. 照相内容

（1）发音人像。

（2）调查工作场景。

（3）具有地方特色的事物和现象。

2. 照相器材

数码相机，最好使用佳能、尼康等一线品牌 1200 万以上像素的数码单反相机。

3. 照片文件

（1）照片文件一律选择相机的最高画质模式（最高分辨率和精细度）拍照，采用 *.jpg 格式，分辨率最好不低于 4368 × 2912 像素。

（2）供调查人参考的照片样本可在中国语言资源保护研究中心网站（http://www.chinalanguages.org/）下载。

八 记音

（一）字体和格式

1. 模板表里的音标一律使用云龙输入法录入（可从 http：//www.eastling.org 下载输入法安装软件），字体为 IpaPanNew。紧跟在音标后面的调值数字也使用 IpaPanNew 字体，不必改为其他字体。如果是 IpaPanNew 里缺的音标，应使用 Unicode 编码的音标。

其他所有字符一律使用宋体。

2. 零声母一律用零声母符号“Ø”表示，不能空着。例如北京：王Øuaŋ 35。

3. 送气符号用“h”（非上标），不能写作“p^h”、“pʻ”。表示调值的数字不用上标方式。例如北京：怕 pha51。

4. 自成音节的“m n ŋ l”等，勿在音标的上下加短竖线。

5.“ts”分别输入“t”和“s”两个符号，“tʂ tɕ”等塞擦音同理。“ã”分别输入“a”和鼻化符号“~”两个符号，其他鼻化元音同理。“ɡ”不用“g”。元音“ɤ”不用“ɣ”。长音符号用音标“ː”不用冒号“:”。

6. 勿在音标上加附加符号，如“d̥”。关于实际音值可在“调查表”的“关于音系的说明”里详细交待。注意鼻化符号、长音符号不属于附加符号。

7. 调值一律用数字表示。例如北京：妈ma55 ｜麻ma35 ｜马ma214 ｜骂ma51。声调当中如有停顿现象用“0”表示，例如余干：割koʔn304 ｜白pheʔŋ303。

8. 音节与音节之间一律连写，不空格。例如北京：下雨ɕia51Øy214。

9. 尽量遵循汉语方言学界通行的记音方法，例如［n］、［ȵ］声母要分开；［tɕ］组声母和齐齿呼韵母相拼要记作［tɕia］等，不要记作［tɕa］等；［k］组声母和合口呼韵母相拼要记作［kua］等，不要记作［kwa］、［kʷa］等。

（二）一字多音

1. 在记单字时，如果有一字多音现象，按以下办法处理：

（1）文白异读分别在音节后注“白”、“文”（在模板表里，“白”、“文”写在相应的“备注”列里）。音节排列白读在前，文读在后（录音顺序也是白读在前，文读在后，录在一个文件里）。例如北京：学ɕiau35 白 / ɕyᴇ35 文。

（2）自由变读分别在音节后注“又”（在模板表里，“又”写在相应的“备注”列里）。音节排列常用在前，不常用在后（录音顺序也是常用在前，不常用在后，录在一个文件里）。例如北京：浙tʂə51 又 / tʂə35 又。

（3）有词汇条件的多音现象，在音节后注明例词，例词里用“～”代替本字（在模板表里，例词写在相应的“备注”列里）。音节排列常用义项在前，不常用义项在后（录音顺序常用义项在前，不常用义项在后，录在一个文件里）。例如北京：片phian51 一～/phian55 相～儿（不过，在单字表里，许多字已加了限定条件，所以这种情况应该不会太多）。

2. 在记词汇、语法时，只记口语中最自然、最常用的读音，不记其他读音。

3. 在转写口头文化材料时，完全按照实际读音记录（在语流中只会出现一种读音，所以不涉及一字多音问题）。

（三）音变

1. 单字

只记单字音。如果某字没有单字音，只有连读音、儿化音或小称音等，则将单字音记作“（无）”，同时记下连读音、儿化音或小称音等，并加以说明。（在模板表里，把连读音、儿化音或小称音等的音标及其说明写在“备注”列里）

2. 其他材料（词汇、语法、口头文化）

（1）连读调

只记实际调值，其中有的是单字调，有的是连读调（连读调前面不加符号）。例如北京：玛瑙ma35nau214。

轻声音节，一律标作“0”。例如北京：桌子tʂuo55tsɿ0 ｜来了lai35lə0。

（2）儿化、小称音

只记实际读音，不标出本音。例如北京：面儿 miɐr51；汤溪：女儿 nɑŋ341（意为“女孩儿”，“女”的本音为 [na113]）。

（3）其他音变

因连读等原因引起的声韵母变化，处理方法同“小称音”，即只记实际读音，不标出本音。例如北京：言言Øyan35Øian0（意为“说话”，“言”的本音为 [Øian35]）。

记音时如遇其他情况，参照上述原则和方法处理，并加以说明。

九 用字

（一）原则

1. 使用规范字

一律使用现行规范字。

（1）来源不同的简化字，一律仍写作简化字，不恢复繁体字写法。例如“后天”不写作“後天”，“面粉”不写作“麵粉”。如有必要，可在后面加括号举例或说明，例如“干（～燥）”、“干（～活）”。

（2）注意避免使用异体字。

2. 使用本字

有本字可写者一律写本字。（限于方正超大字符集里有的字）

3. 统一性

同一个语素用同一个字形表示。

属于同一个词源的语素，如果因各地读音不同或习惯不同，而写作不同字形的，要统一为一种写法。如有本字则一律写本字，如无本字则尽量选用相同的俗字、同音字、表音字。例如客家话的“佢”要统一写作“我”，粤语的“佢”要统一写作“渠”。

（二）具体规范

1. 本字

（1）本字（正字）如有多种写法，选择较通用的写法。例如把“蕃茄”、“蕃薯”等的“蕃”写作“番”，把“苞谷”、“苞米”等的“苞”写作“包”。

（2）有的字从读音、意义上看比较像本字，但难以完全确定，暂作为本字处理。例如“村坊村儿”的“坊”字。

2. 俗字

“俗字”是指用来书写方言词语的一些习惯用字，包括两类，一类是方言自造字，另一类是从汉字正字系统中借用的字。前者如各方言中表示“小”的“尕”、“尛”、“孧”等，后者如粤语的“企站”。

（1）有本字可写者，即使有相应的“俗字”，仍写本字。例如粤语的“企站”要统一写作“徛”。

（2）无本字可写者，如果俗字十分通用，或缺乏适当的同音字，酌情采用俗字，必要时加注说明是俗字。例如“尕小”、“滗洗”。

3. 训读字

“训读字”只是意义相同或相近的字，不是本字。例如潮阳把本方言的“拍打”写作“打”，海口把本方言的“细小”写作“小”（“打”、“小”是训读字）。

一律不使用训读字。

4. 表音字

“表音字”是指“意义较虚且本字不明”的字，主要用于词缀、助词、语气词、部分代词，以及其他意义较虚的字。例如普通话的“达溜～”、“乎黑～～”等。

（1）酌情使用表音字。

（2）使用表音字的要求是：尽量选常用字、意义较虚的字，尽量照顾各方言音系，同时尽量使各方言的用字具有一致性。表音字不加符号，例如晋语的前缀“圪”。

5. 同音字

无本字可写，又不能使用俗字、表音字者，写同音字。同音字是指跟本方言里完全同音的字。有时找不到完全同音的，可适当放宽标准，并加说明。

使用同音字的要求是：尽量选常用字，尽量使各方言的用字具有一致性。同音字在字后加等号“=”表示，例如淳安的“促=看”（等号在excel和word模板表文件中不用上标，手写时最好用上标方式）。

6. 合音字

需要使用合音字的，应尽量使用方言中已有现成字形的合音字，例如北京的“甭”[pəŋ35]，苏州的“覅别”[fiæ412]。如方言无现成字形的合音字，用原形加“[ ]”表示，例如潮阳的“[二十]”[dziap5]，河南开封的“[知道]”[ʦ̢ɔ213]。

但合音型的儿化现象一律写正常的“儿”字，例如北京的“面儿”[miɐr51]。

7. 有音无字

“有音无字”是指无合适的本字、俗字、表音字、同音字可用，在方言论著中通常写作方框“□”的语素。

在单个方言点内部，以该类语素出现的先后（词汇-语法-口头文化）为序，记作“#1”、“#2”、“#3”等，一个语素使用一个代码，在不同场合相同的语素使用相同的代码。例如南宁：用字代码为“#1”，其读音为“la33”，其意义为“缝儿”。每个点的代码自成系统，不与其他方言对应。

8. 字体和格式

（1）汉字一律使用5号宋体。

（2）汉字与汉字之间一律连写，不空格。

（3）释义与例子之间用冒号“：”隔开。

（4）例子与例子之间用单竖线“|”隔开。

（5）词或句子里可有可无的成分，要处理为“一词多说”或“一句多说”。例如“桌”、“桌子”要分开记，不能记作“桌（子）”。

（三）汉语方言用字表

（另见）

贰　语料整理规范

语料整理阶段的工作包括音像资料剪辑、填写模板表、规范文件名、文件归档和校对。（如果录音、摄像采取摄录团队负责的工作模式，音像资料剪辑、规范文件名、文件归档等工作由摄录团队完成）

在语料整理阶段，电脑需设置为可显示所有文件的后缀名。在 Windows XP 系统中的设置方法是进入“文件夹选项\查看”，把“隐藏已知文件类型的扩展名”前面的勾取消。

语料整理工作中涉及的各文件的位置参看“贰·四”表 8。

在语料整理过程中，调查团队应先把少量整理加工后的模板表、录音、视频、照片文件交给项目负责人审核，以便及时发现问题并纠正。

一　音像资料剪辑

剪辑的目的是通过删除、切分、合并录音文件或视频文件中的相关内容，使其符合调查规范中“一个调查条目为一个独立的文件”的要求，并使录音、视频文件中没有冗余信息。

（一）录音文件

1. 剪辑软件

推荐使用 Audacity、Adobe Audition。

2. 文件剪辑

剪辑前需把原始录音文件备份到其他位置。（剪辑过程中如产生自动备份文件，待剪辑工作完成并检查无误后，可删除自动备份文件）

下面以 Audacity 为例进行演示。

（1）删除

如果在录音文件的起始处或结束处有较多空白，或者有其他声音干扰（如咳嗽声），应将冗余内容删除。

①运行 Audacity，点击“文件\导入\音频”，选择需删除冗余内容的录音文件，导入成功后，该录音文件的波形图将出现在 Audacity 主界面上。

②将鼠标移至需删除内容的起点，按住左键向右拖动至其终点。（参看图 10）

③按下键盘“Delete”键，删除完成。（参看图 11）

④点击“文件\导出”，选择文件保存位置（如与原文件保存在同一位置，会出现是否替换原文件的对话框，点击“是”），在“编辑元信息”对话框中，点击“确定”。删除完成后，关闭退出 Audacity，如出现是否保存修改的对话框，点击“否”。

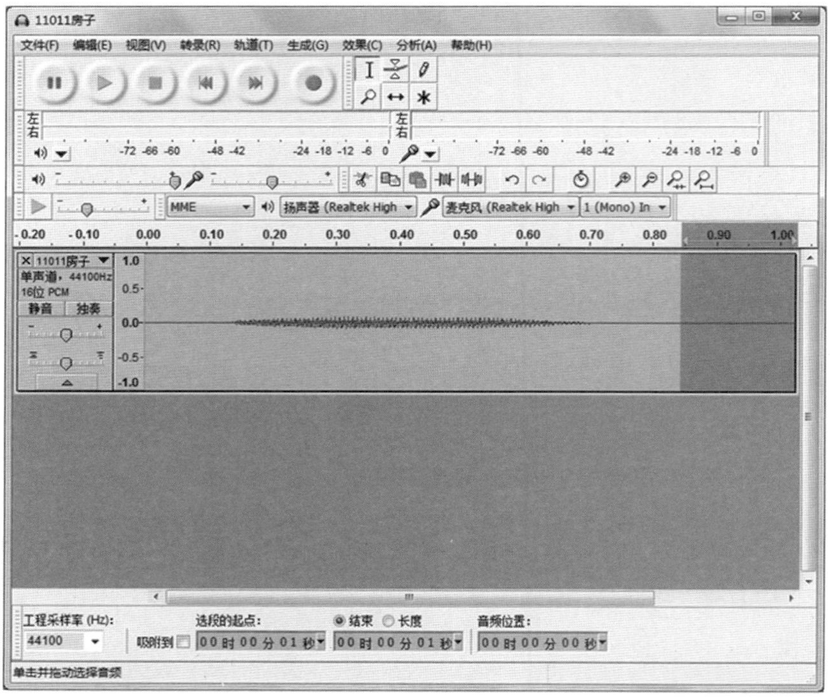

图 10 选中需删除内容

（2）合并

如果将一个调查条目录成了多个录音文件（如将一个故事录成两段或多段），整理时应将各段合并为一个录音文件。

①运行 Audacity，点击“文件\导入\音频”，按住键盘“Ctrl”键，依次点击选择需合并的录音文件，点击“打开”，Audacity 主界面将出现被选中的录音文件波形图，呈上下排列。

②点击每个录音文件音频轨左上方的“▼”，再点击“名称”，在“轨道名”对话框中出现该录音文件的文件名。将鼠标移至最后一个录音文件的起点，按住鼠标左键向右拖动直至需合并的部分全部被选中。（参看图 12）

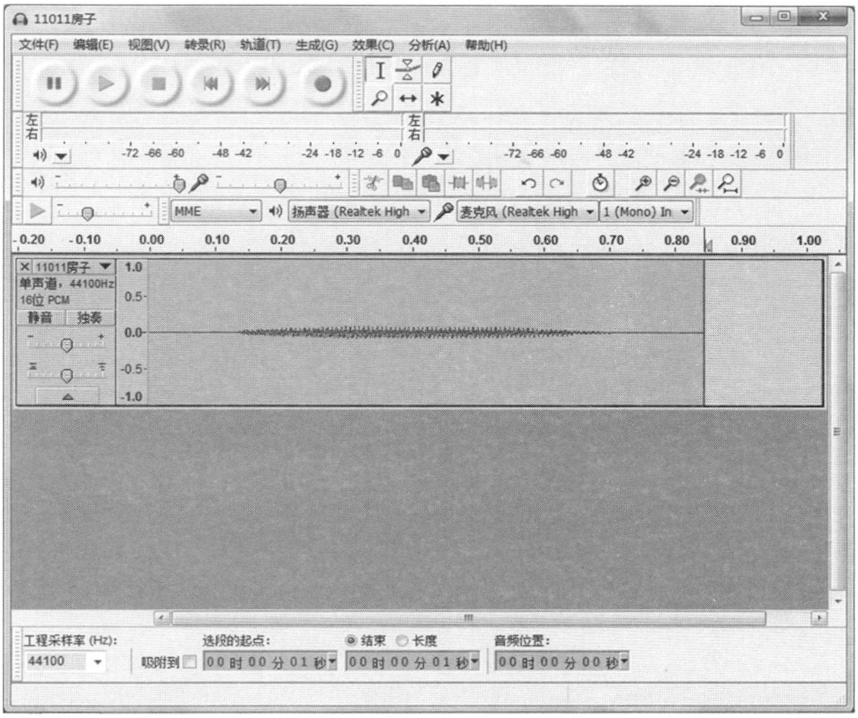

图 11　删除完成

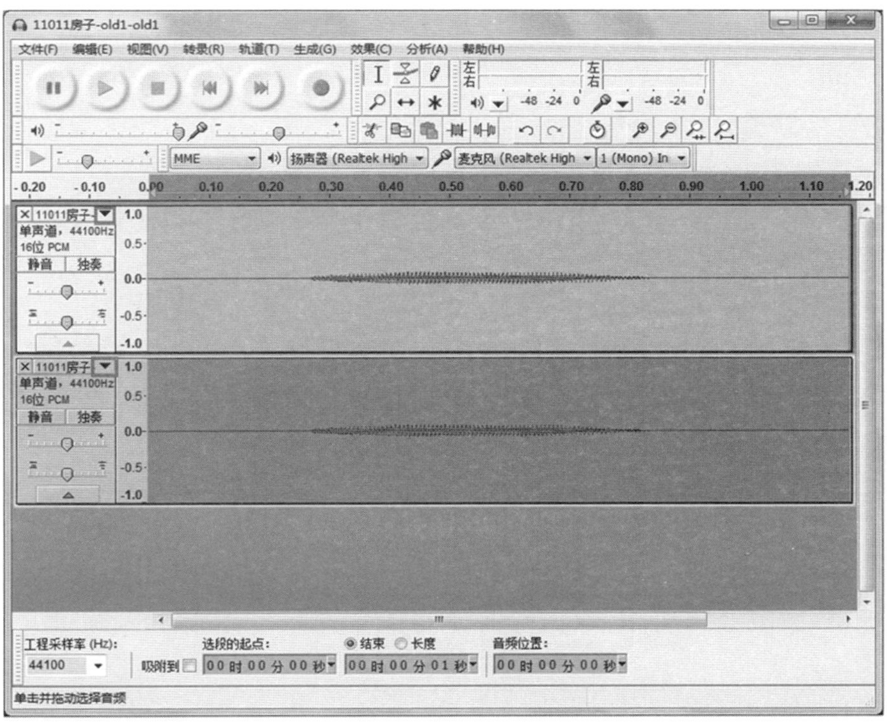

图 12　最后一个录音文件需合并的部分全部被选中

③点击“编辑\复制”，将鼠标移至其上一个录音文件的终点并单击，此处会出现一条细线，代表两段录音文件合并的位置。（参看图 13）

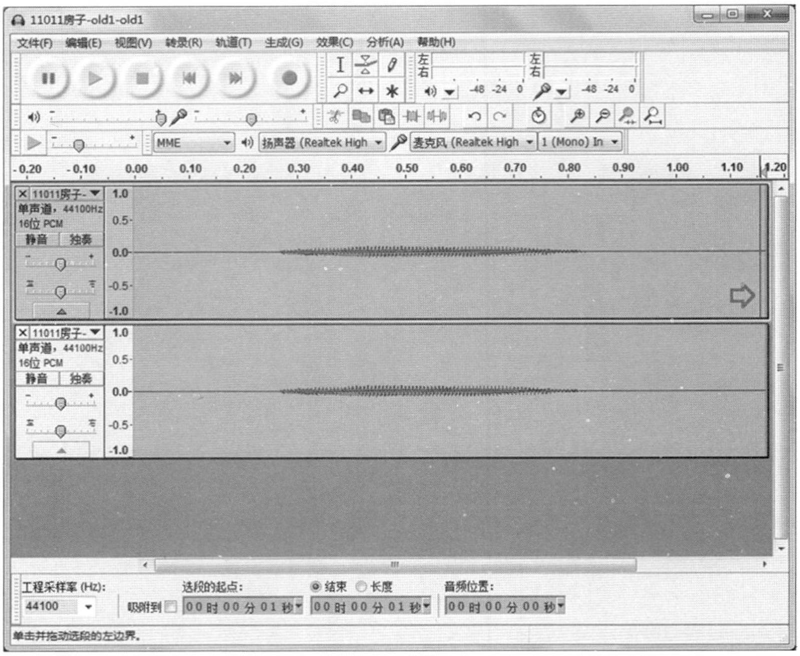

图 13 确定录音文件合并的位置

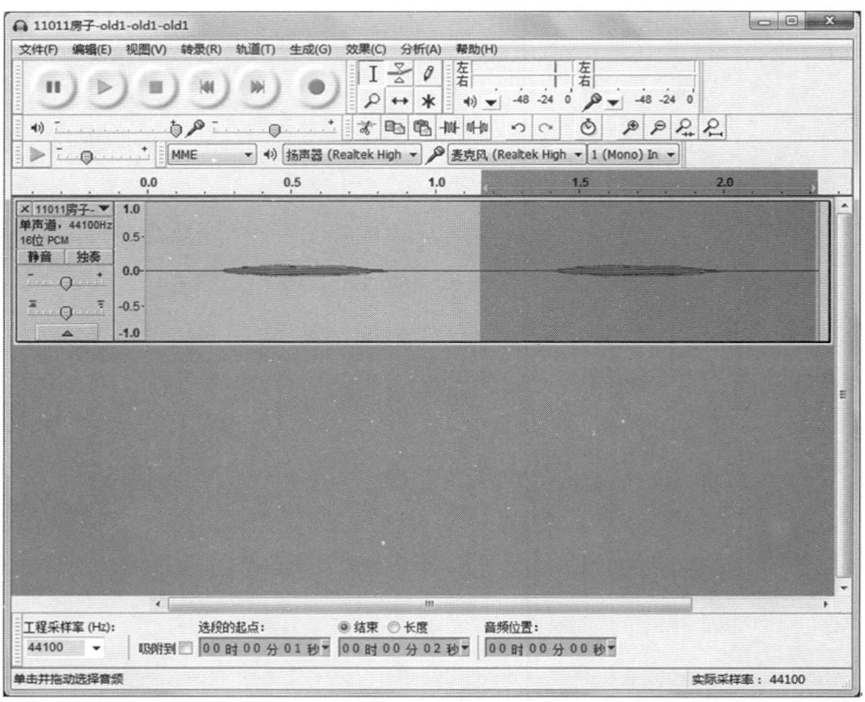

图 14 两个录音文件合并后

④点击“编辑 \ 粘贴”，再点击最后一个录音文件音频轨左上方的“×”（在录音文件名左侧），然后点击“视图 \ 适应窗口”，此时最后一个录音文件已合并到上一个的后面。（参看图 14）

⑤点击“文件 \ 导出”，选择文件保存位置（如与原文件保存在同一位置，会出现是否替换原文件的对话框，点击“是”），在“编辑元信息”对话框中，点击“确定”。关闭退出 Audacity，如出现是否保存修改的对话框，点击“否”。

（二）视频文件

1. 剪辑软件

（1）推荐使用摄像机配套光盘中的专用软件进行剪辑，例如索尼 PMB、松下 HD Writer AE、佳能 PIXELA Video Browser。

使用随机配套软件进行的视频剪辑为无损操作，对计算机配置要求相对较低，剪辑效率也较高，但请勿跨摄像机品牌使用剪辑软件。（如不要使用索尼 PMB 软件剪辑佳能摄像机所拍摄的视频文件）

（2）如无摄像机配套软件，可使用非线性视频编辑软件，例如索尼 Vegas Pro 系列软件。

2. 文件剪辑

剪辑前须对原始视频文件进行备份。

下面分别以索尼 PMB5.5（以下称“PMB”）、索尼 Vegas Pro 9.0 汉化版（以下称“Vegas”）为例进行演示。

（1）切分

如果一个视频文件包括多个调查条目的内容，应将其按条目切分。

方法一：使用 PMB 切分视频文件

①运行 PMB，点击“工具 \ 设置”，在对话框左侧点击“添加文件夹”，在右侧窗口勾选需切分视频文件所在的文件夹，点击“确定”，此时该文件夹中所有的视频文件会出现在 PMB 编辑界面。

建议每次只选择一个文件夹，取消之前已勾选的其他文件夹。

②点击编辑界面左上方的“索引”、右下方的“详细信息”按钮，出现视频文件详细信息。（参看图 15）

③点击选中列表中需切分的某一个视频文件，再点击“操纵 \ 编辑 \ 修整视频”，出现“Video Trimming”编辑窗口。

④点击、按住鼠标左键，拖动视频播放窗口下方进度条两侧的小旗子分别设置视频文件的“入点”（切分后视频文件的起点）和“出点”（切分后视频文件的终点）。其中，左向小旗子用于设置入点，右向小旗子用于设置出点。（参看图 16）

随着小旗子的拖动，右侧两个视频预览窗口显示的“入点”、“出点”的图像、时间也会发生变化。

除了拖动小旗子之外，也可以通过视频播放窗口右下方的“设置入点”和“设置出点”按钮来设置切分后视频文件的起点和终点。

⑤设置完毕后，点击“保存已编辑视频”，在对话框“文件名”处填写切分后的视频文件名称，“文件类型”须与原文件保持一致，点击“保存”。切分完成后关闭退出 PMB。

切分后的视频文件将与原文件保存在同一文件夹中。

图 15 视频文件详细信息

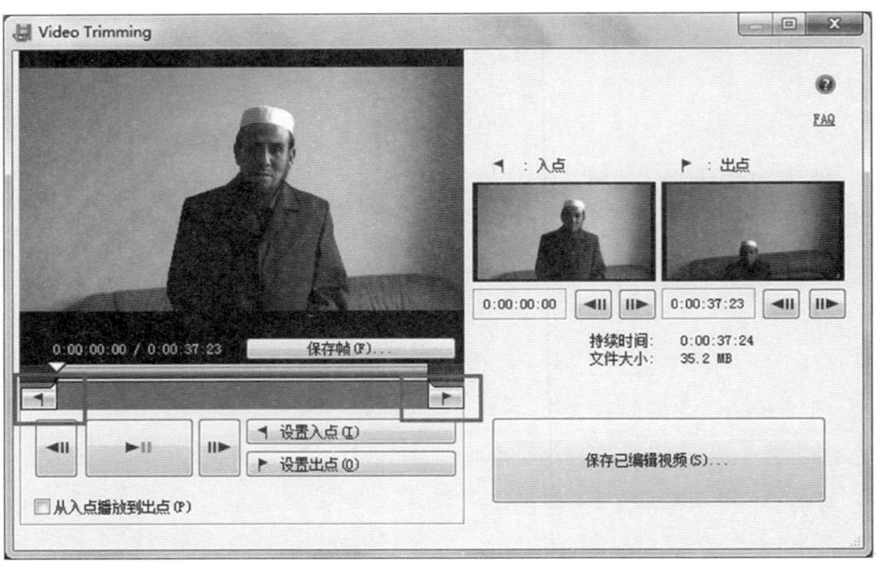

图 16 在 PMB 中设置视频文件的起点和终点

方法二：使用 Vegas 切分视频文件

①运行 Vegas，点击“文件（F）\ 导入（O）\ 媒体（M）”，在“导入媒体”对话框中，点击选择需切分的视频文件，点击“Open”，视频文件将出现在左上角项目媒体窗口里。

②在项目媒体窗口里，点击并按住鼠标左键，将视频文件拖至下方的编辑区域，然后松开鼠标，加载成功后编辑界面将出现视频、音频编辑轨和视频预览窗口。（参看图 17）

图 17　将视频文件导入 Vegas

③点击编辑轨下方的“|◀”键，按下键盘“Enter”键，预览窗口从头开始播放视频，此时可通过观看预览窗口设置切分后视频文件的起点和终点。

④在播放状态下，在某一条视频起点处按下“Enter”键，预览窗口结束播放，按下键盘“M”键，在起点处会出现一个小旗子；再次按下“Enter”键，预览窗口结束再次开始播放，在该条视频终点处按下“Enter”键再次结束播放，再次按下“M”键，在终点处也会出现一个小旗子，至此，该条目起点、终点设置完毕。

按下“M”键时，输入法必须为英文状态，可点击“插入（I）\ 标记（M）”作标记。

起点、终点设置完成后，可点击起点处，按下“Enter”键预览视频，确认设置无误。

⑤在该条目起点（第一个小旗子处）的视频轨上方点击并按住鼠标左键，向右拖动至该条目的终点（第二个小旗子处），此时选中区域内的两条轨道呈蓝色底色，在其起点、终点处各有一个黄色的三角形标记。（参看图 18）

图 18 在 Vegas 中设置视频文件的起点、终点并选中

⑥点击“文件（F）\ 渲染为（R）”，在“渲染为”对话框中，“Save in”为切分后视频文件保存的位置，在“File name”中填写修改文件名称，“Save as type”选择“Sony AVC（*.mp4；*.m2ts；*.avc）”，“Template（模板）”选择“AVCHD 1920×1080-50i”；点击“只渲染循环区域（L）”、“在媒体文件中保存项目标记（K）”选项前的方框至出现“√”。（参看图 19）

图 19 设置切分后的视频文件信息

⑦点击“Save”开始渲染，渲染完成后单击“关闭”退出渲染页面。重复上述步骤直至切分完成后，关闭退出 Vegas。如出现提示是否保存文件的对话框，选择“否”。

（2）合并

如果将一个调查条目拍摄成了多个视频文件，整理时应将各个视频文件合并为一个文件。

为便于操作，应把要合并的多个视频文件放到同一文件夹中。

方法一：使用 PMB 合并视频文件

①运行 PMB，点击“工具 \ 设置”，在对话框左侧点击“添加文件夹”，在右侧窗口勾选需合并的视频文件所在的文件夹，点击“确定”，此时该文件夹中所有的视频文件会出现在 PMB 编辑界面。

建议每次只选择一个文件夹，取消之前已勾选的其他文件夹。

②点击编辑界面左上方的“索引”、右下方的“详细信息”按钮，出现视频文件详细信息。

③按住“Ctrl”键，分别点击选中需合并的所有视频文件，再点击“操纵 \ 编辑 \ 合并视频”，此时“视频合并”对话框会出现被选中的视频文件缩略图，将鼠标停在缩略图上便能显示该文件的详细信息。（参看图 20）

图 20　确认视频文件信息及其调整合并顺序

④点击、按住左键可移动、改变缩略图的位置，调整各段视频文件的排列顺序。调整并检查完毕后，确认缩略图下的方框内已有“√”，点击“合并”。

⑤合并完成后，将出现合并后的新文件名称及其保存位置，合并完成后，关闭退出 PMB。

合并后的新文件名与合并时排在第一位的原文件名相似，请注意区分。

合并后的新文件保存在合并时排在第一位的原文件所在的文件夹中。

方法二：使用 Vegas 合并视频文件

①运行 Vegas，点击“文件（F）\ 导入（O）\ 媒体（M）”，在“导入媒体”对话框中，点击选择需合并的视频文件，点击“Open”，视频文件将出现在左上角项目媒体窗口里。

②在项目媒体窗口里，点击并按住鼠标左键，将视频文件依次拖至下方的编辑区域，然后松开鼠标，完成后视频文件将按其导入的先后顺序排列。（参看图 21）

图 21　按先后顺序将多段视频文件导入 Vegas

③点击轨道下方的“|◀”键、按键盘“Enter”键，在预览窗口中检查合并后的视频文件。

④检查确认无误后，点击“文件（F）\ 渲染为（R）”，在“渲染为”对话框中，“Save in”为切分后视频文件保存的位置，在“File name”中填写修改文件名称，“Save as type”选择“Sony AVC（*.mp4；*.m2ts；*.avc）”，“Template（模板）”选择“AVCHD 1920 × 1080-50i”；确认“只渲染循环区域（L）”前方框无“√”。（参看图 22）

图 22 设置合并后的视频文件信息

⑤点击“Save”开始渲染，渲染完成后单击“关闭”退出渲染页面。重复上述步骤直至合并完成后，关闭退出 Vegas。如出现提示是否保存文件的对话框，选择“否”。

二 填写模板表

1. 模板表

每个调查点的调查工作完成以后，需由调查人填写、转写以下模板表（见表 7）。除了对口头文化条目进行转写后导出的新模板表，其他所有模板表均由中国语言资源保护研究中心编定提供，使用者不得对模板表里除样例外的固有内容和格式作任何改动（中国语言资源保护研究中心已对 excel 模板表中不允许改动的部分设置“保护”功能）。

表 7 模板表

	excel 文件等结构化文件	word 文件
方言老男	音系 .xls	
		音系说明 .doc
	单字 .xls	
	词汇 .xls	
	语法 .xls	
	话语讲述 .xls	
方言青男	音系 .xls	
		音系说明 .doc
	单字 .xls	
	话语讲述 .xls	
方言老女	话语讲述 .xls	
方言青女	话语讲述 .xls	
方言多人	话语对话 .xls	
口头文化发音人	口头文化 .xls	
	0001 歌谣 .baf	
	0001 歌谣 .eaf	
	0001 歌谣 .xls	
	…	
其他	概况 .xls	
	用字代码表 .xls	
		转写校对记录表 .doc

2. 填写注意事项

（1）概况模板表

概况模板表里包括“调查点”、“方言老男”、“方言青男”、“方言老女”、“方言青女”、“口头文化发音人（1）”、“口头文化发音人（2）”、“口头文化发音人（3）”、“口头文化发音人（4）”、“口头文化发音人（5）”、“口头文化发音人（6）”、“口头文化发音人（7）”、“地普 1”、“地普 2”、“地普 3”、“调查人”、“调查情况”、“方言系属”等 18 个子表。

概况模板表以北京的密云点为例，调查人填写时可先删除密云的材料，或在此基础上改写。有的条目（例如本县汉语方言的种类、分布、人口、使用和变化情况）可写得详细一些。

第一行里的“1”、“2”等对应于“调查表”的调查条目序号。注意一些比较复杂的条目（例如调查点名称）已拆分为多个列。

无调查结果的单元格（例如本县无聚居的少数民族）标“（无）”。

（2）音系模板表

音系模板表里包括“声调”、“声母”、“韵母”3 个子表。声调、声母、韵母子表均以粤语南宁方言为例，调查人填写时可先删除南宁的材料，或在此基础上改写。

“例字”按古来源分“类”填写，所谓古来源是指声调的清平、全浊上、次浊上等，声母的帮母、精母、见母等，韵母的摄（果摄、咸摄舒声、咸摄入声等）。最主要的古来源“类”（例如 [p] 母的帮母字）填入“例字 1”，依次类推。例字的注例（例如例字“后”的“前～”）一律省略，必要时可在“备注”列说明。

（3）音系说明模板表

将调查表中“关于音系的说明”部分的内容填写到音系说明模板表中。

（4）单字模板表

把调查结果填写到“音 1”（音 1 声、音 1 韵、音 1 调）、“音 2”、“音 3”以及各“备注”列，声母、韵母、声调要分列填写。每个条目占一行。如果一个调查条目方言只有一个说法，把该说法填入“音 1”；如果还有其他说法，依次填入后面的“音 2”、“音 3”列。

无方言说法的条目一律在 D 列（即“音 1 声”列）标“（无）”，不能空着，不能漏写括号。

（5）词汇模板表

把调查结果填写到“词 1 字”、“词 1 音”、“词 2 字”、“词 2 音”、“词 3 字”、“词 3 音”以及各“备注”列。每个条目占一行。在“词 1 字”、“词 2 字”、“词 3 字”各列中填写汉字。在“词 1 音”、“词 2 音”、“词 3 音”各列中填写音标。如果一个调查条目只有一个方言说法，则只填写“词 1 字”、“词 1 音”列；如果还有其他说法（即“一词多说”），依次填入后面的“词 2 字”、“词 2 音”、“词 3 字”、“词 3 音”列。

无方言说法的条目一律在 D 列（即“词 1 字”列）标“（无）”，不能空着，不能漏写括号。

（6）语法模板表

把调查结果填写到“句 1 字”、“句 1 音”、“句 2 字”、“句 2 音”、“句 3 字”、“句 3 音”以及各“备注”列。每个条目占一行。在“句 1 字”、“句 2 字”、“句 3 字”各列中填写汉字。在“句 1 音”、“句 2 音”、“句 3 音”各列中填写音标。如果一个调查条目只有一个方言说法，则只填写“句 1 字”、“句 1 音”列；如果还有其他说法，依次填入后面的“句 2 字”、“句 2 音”、“句 3 字”、“句 3 音”列。

（7）话语模板表

全部话语材料都要根据视频中的录音转写普通话梗概，分别填入话语讲述模板表和话语对话模板表。模板表中无调查内容的条目一律在“普通话梗概”列填“（无）”。

（8）口头文化模板表

“口头文化”材料要求使用“语宝多媒体标注软件”根据视频中的录音转写汉字、音标、普通话意译，并记录每一句话在视频文件里的起止时间（“句”以“。！？；”

等句末标点为准），同时应注明每个条目的调查采录时间、地点和发音人等信息，例如：（20110318 汤溪，发音人：张三）。有音无字在代码后用方括号加注音标。如果演唱时的声调和说话时不同，只需记录声母、韵母，不标声调，此时音节与音节之间空1格。

"歌谣"部分至少转写1个完整条目且转写的歌谣总时长要达到1分钟以上，"故事"部分至少转写1个完整条目且转写的故事总时长要达到3分钟以上，"自选条目"部分（如有）至少转写1个完整条目且转写条目总时长要达到1分钟以上。

使用"语宝多媒体标注软件"转写完某个条目后应导出三个文件（文件名后缀分别为 .baf、.eaf、.xls），文件名（后缀除外）应与该条目规范的录音和视频文件名相同。"语宝多媒体标注软件"（内含详细使用说明）以及转写后导出的样本文件可在中国语言资源保护研究中心网站（http://www.chinalanguages.org/）下载。

没有转写的口头文化条目要在"口头文化 .xls"模板表的"内容提示"列填写开头第一句话（即与纸版调查表里记录的内容一致）。已完整转写的条目不必在"口头文化 .xls"模板表的"内容提示"列填写开头第一句话，也不要填"（无）"，空着即可。"口头文化 .xls"模板表中其他无调查内容的条目一律在"内容提示"列填"（无）"。

（9）凡是使用了代码的方言点，需交一份该方言的《用字代码表》（在"调查点文件包"里，该表位于"需交文件电子版\模板表\其他"文件夹里）。

（10）填写、转写模板表过程中要填写《转写校对记录表》（在"调查点文件包"里，该文件位于"需交文件电子版\模板表\其他"文件夹里）。

请注意参看各模板表里的说明和样例。

三 文件命名

1. 模板表文件名

对口头文化条目进行转写后导出的新模板表文件，其文件名与该条目规范的录音和视频文件名相同（后缀除外），除此之外的其他模板表文件均已预先建好，勿改动文件名。

2. 录音文件名

录音文件名应与录音用表中"调查条目"列的内容完全相同，文件名后缀为".wav"。例如"0001 多 .wav"、"0001 太阳 .wav"、"0001 小张昨天 .wav"、"0001 当地情况 .wav"、"0001 歌谣 .wav"、"0001 牛郎和织女 .wav"。使用 byly（北语录音）或语保摄录机配合录音用表录音，规范的录音文件名会自动生成；使用 Audacity、Audition 等软件录音须手动规范录音文件名。

3. 视频文件名

视频文件名应与该条目的录音文件名完全相同（除后缀外），即录音用表中"调查条目”列的内容，例如“0001 多 .m2ts”、“0001 太阳 .m2ts”、“0001 小张昨天 .m2ts”、“0001 当地情况 .m2ts”、“0001 歌谣 .m2ts”、“0001 牛郎和织女 .m2ts”。使用语保摄录机配合录音用表拍摄，规范的视频文件名会自动生成。

4. 照片文件名

（1）发音人照片

照片文件名使用“0001 张三 .jpg”、“0001 李四 .jpg”的形式。如果同一个发音人有多个照片文件，则使用“0001 张三 .jpg”、“0002 张三 .jpg”、“0003 张三 .jpg”的形式。各调查对象的先后顺序为方言发音人、口头文化发音人、地普发音人。

（2）调查过程照片

照片文件名使用“0001 调查”、“0002 调查”、“0003 调查”的形式。

（3）属于以上两类照片以外的其他照片文件，照片文件名使用“0001 密云 .jpg”、“0002 密云 .jpg”、“0003 密云 .jpg”的形式。在该类照片的文件名中也可用汉字简述照片内容，采取“0001 密云 _ 年夜饭 .jpg”、“0002 密云 _ 捕鱼 .jpg”的形式。

四　文件归档

1. 调查人应按以下系统（见表 8）整理好各种文件。调查人需按该系统的结构把各种文件放到相应的位置，对已有文件夹及文件的位置和名称不得作任何改动。

2. 对口头文化条目进行转写后导出的新模板表文件，保存至“调查点文件包\需交文件电子版\模板表\口头文化发音人”文件夹里，除此之外的其他模板表文件的位置勿作改动。

3. 录音文件保存至“调查点文件包\需交文件电子版\录音”文件夹下各相应的文件夹里。

4. 视频文件保存至“调查点文件包\需交文件电子版\视频”文件夹下各相应的文件夹里。

5. 照片文件保存至“调查点文件包\需交文件电子版\照片”文件夹下各相应的文件夹里。

表 8　“需交文件电子版”文件夹系统

文件夹	文件夹	文件夹	文件夹	文件
需交文件电子版	模板表	方言老男		音系 .xls
				音系说明 .doc
				单字 .xls
				词汇 .xls
				语法 .xls
				话语讲述 .xls

（续表）

<table>
<tr><td rowspan="41">需交文件电子版</td><td rowspan="15">模板表</td><td rowspan="4">方言青男</td><td rowspan="4"></td><td>音系 .xls</td></tr>
<tr><td>音系说明 .doc</td></tr>
<tr><td>单字 .xls</td></tr>
<tr><td>话语讲述 .xls</td></tr>
<tr><td>方言老女</td><td></td><td>话语讲述 .xls</td></tr>
<tr><td>方言青女</td><td></td><td>话语讲述 .xls</td></tr>
<tr><td>方言多人</td><td></td><td>话语对话 .xls</td></tr>
<tr><td rowspan="5">口头文化发音人</td><td rowspan="5"></td><td>口头文化 .xls</td></tr>
<tr><td>0001 歌谣 .baf</td></tr>
<tr><td>0001 歌谣 .eaf</td></tr>
<tr><td>0001 歌谣 .xls</td></tr>
<tr><td>…</td></tr>
<tr><td rowspan="3">其他</td><td rowspan="3"></td><td>概况 .xls</td></tr>
<tr><td>用字代码表 .xls</td></tr>
<tr><td>转写校对记录表 .doc</td></tr>
<tr><td rowspan="13">录音</td><td rowspan="4">方言老男</td><td>单字</td><td>0001 多 .wav …</td></tr>
<tr><td>词汇</td><td>0001 太阳 .wav …</td></tr>
<tr><td>语法</td><td>0001 小张昨天 .wav …</td></tr>
<tr><td>话语讲述</td><td>0001 当地情况 .wav …</td></tr>
<tr><td rowspan="2">方言青男</td><td>单字</td><td>0001 多 .wav …</td></tr>
<tr><td>话语讲述</td><td>0001 当地情况 .wav …</td></tr>
<tr><td>方言老女</td><td>话语讲述</td><td>0001 当地情况 .wav …</td></tr>
<tr><td>方言青女</td><td>话语讲述</td><td>0001 当地情况 .wav …</td></tr>
<tr><td>方言多人</td><td>话语对话</td><td>0001 当地情况 .wav …</td></tr>
<tr><td>口头文化发音人</td><td>口头文化</td><td>0001 歌谣 .wav …</td></tr>
<tr><td>地普 1</td><td>地普</td><td>0001 牛郎和织女 .wav …</td></tr>
<tr><td>地普 2</td><td>地普</td><td>0001 牛郎和织女 .wav …</td></tr>
<tr><td>地普 3</td><td>地普</td><td>0001 牛郎和织女 .wav …</td></tr>
<tr><td rowspan="13">视频</td><td rowspan="4">方言老男</td><td>单字</td><td>0001 多 .m2ts …</td></tr>
<tr><td>词汇</td><td>0001 太阳 .m2ts …</td></tr>
<tr><td>语法</td><td>0001 小张昨天 .m2ts …</td></tr>
<tr><td>话语讲述</td><td>0001 当地情况 .m2ts …</td></tr>
<tr><td rowspan="2">方言青男</td><td>单字</td><td>0001 多 .m2ts …</td></tr>
<tr><td>话语讲述</td><td>0001 当地情况 .m2ts …</td></tr>
<tr><td>方言老女</td><td>话语讲述</td><td>0001 当地情况 .m2ts …</td></tr>
<tr><td>方言青女</td><td>话语讲述</td><td>0001 当地情况 .m2ts …</td></tr>
<tr><td>方言多人</td><td>话语对话</td><td>0001 当地情况 .m2ts …</td></tr>
<tr><td>口头文化发音人</td><td>口头文化</td><td>0001 歌谣 .m2ts …</td></tr>
<tr><td>地普 1</td><td>地普</td><td>0001 牛郎和织女 .m2ts …</td></tr>
<tr><td>地普 2</td><td>地普</td><td>0001 牛郎和织女 .m2ts …</td></tr>
<tr><td>地普 3</td><td>地普</td><td>0001 牛郎和织女 .m2ts …</td></tr>
</table>

（续表）

需交文件电子版	照片	发音人	方言老男	0001 张三 .jpg …
			方言青男	0001 李四 .jpg …
			方言老女	0001 王五 .jpg …
			方言青女	0001 郑六 .jpg …
			口头文化发音人	0001 张三 .jpg …
			地普 1	0001 李四 .jpg …
			地普 2	0001 王五 .jpg …
			地普 3	0001 郑六 .jpg …
		调查过程		0001 调查 .jpg …
		其他		0001 密云 .jpg …

五 校对

1. 所有材料至少要经过两遍人工校对。校对的重点是转写后的汉字和音标、音像文件质量、文件名以及文件位置。在中国语言资源保护研究中心网站（http://www.chinalanguages.org/）上可下载语保专用校验工具，用于辅助检查文件名、文件位置、多媒体文件基本参数等内容。

2. 一校由调查团队成员负责，二校由调查团队负责人负责。校对过程中要填写《转写校对记录表》。

3. 校对过程中发现错漏，应及时核实和补查，必要时应重新进行调查。

4. 调查团队负责人对所有调查资料的质量负责。

全部工作完成后，在“需交文件电子版”文件夹名称前加上调查点名称，例如“密云需交文件电子版”，并与该调查点的纸版《调查手册》、发音人授权书等一起交给项目负责人。

附、常用工具及下载地址

1."需交文件电子版"文件系统（汉语方言）

http://www.chinalanguages.org/toolsNew/需交文件电子版（汉语方言调查）.zip

2.《图像调查表》

http://www.chinalanguages.org/toolsNew/图像调查表.zip

3."北语录音"软件

http://www.chinalanguages.org/toolsNew/北语录音软件.zip

4. Audacity 录音软件

http://www.chinalanguages.org/toolsNew/Audacity 录音软件.zip

5."语保摄录机"软件

http://www.chinalanguages.org/toolsNew/语保摄录机.zip

6."语宝多媒体标注软件"

http://www.chinalanguages.org/toolsNew/语保标注软件.rar

7. 语保工程验收用校验工具（汉语方言）

http://www.chinalanguages.org/toolsNew/校验工具（汉语方言）.zip

第二编

调查表

说　明

1. 本“调查表”供“中国语言资源保护工程”调查汉语方言使用。

2.“调查表”共包括 7 方面的内容：概况，语音，词汇，语法，话语，口头文化，地方普通话。其中“地方普通话”是与汉语方言密切相关的语言现象，因此也放在这个表里。

3.“壹　概况”中的调查点概况部分（即“一　调查点”）一个调查点只记录一遍，各发音人及其相关情况按发音人逐人记录。

4.“贰　语音”分别记录整理方言老男和方言青男的材料。

5.“叁　词汇”、“肆　语法”只记录方言老男的材料。

6. 调查结果记在调查条目的后面（单字、词汇）或下面（语法、口头文化）。请注意书写要规范、清晰、明确。

7. 其他要求和注意事项请参看“技术规范”的有关部分。

壹　概况

一 调查点

1.调查点行政区划及其名称以调查时最新资料为准：

（省级） （地级） （县级）

（街道办事处或乡镇） （居委会或行政村）

2.旧区划及其名称行政区划近年如有调整，请在下面注明旧区划：

（省级） （地级） （县级）

（街道办事处或乡镇） （居委会或行政村）

3.本县东经度： 北纬度：

4.本县人口：

5.本县民族及其人口：

6.本县有无少数民族语言？如有，其种类、分布、人口和使用情况：

7.本县汉语方言的种类按“口音”区分，包括方言岛、分布、人口、使用和变化情况本部分内容调查得越细越好：

8.本县有无用方言说唱的曲艺或地方戏？如有，其种类和使用情况：

二　方言发音人

（一）方言老男

9.姓名：

10.单位：

11.通信地址：

12.电话：

13.E-mail ：

14.性别：

15.民族：

16.出生年月公历：

17.出生地从省级至自然村级：

18.主要经历：

19.文化程度：

20.职业：

21.会说哪几种话包括普通话、外语：

22.现在主要说什么话：

23.父亲是哪里人，会说什么话：

24.母亲是哪里人，会说什么话：

25.配偶是哪里人，会说什么话：

（二）方言青男

26.姓名：

27.单位：

28.通信地址：

29.电话：

30.E-mail：

31.性别：

32.民族：

33.出生年月公历：

34.出生地从省级至自然村级：

35.主要经历：

36.文化程度：

37.职业：

38.会说哪几种话包括普通话、外语：

39.现在主要说什么话：

40.父亲是哪里人，会说什么话：

41.母亲是哪里人，会说什么话：

42.配偶是哪里人，会说什么话：

（三）方言老女

43.姓名：

44.单位：

45.通信地址：

46.电话：

47.E-mail：

48.性别：

49.民族：

50.出生年月公历：

51.出生地从省级至自然村级：

52.主要经历：

53.文化程度：

54.职业：

55.会说哪几种话包括普通话、外语：

56.现在主要说什么话：

57.父亲是哪里人，会说什么话：

58.母亲是哪里人，会说什么话：

59.配偶是哪里人，会说什么话：

（四）方言青女

60.姓名：

61.单位：

62.通信地址：

63.电话：

64.E-mail：

65.性别：

66.民族：

67.出生年月公历：

68.出生地从省级至自然村级：

69.主要经历：

70.文化程度：

71.职业：

72.会说哪几种话包括普通话、外语：

73.现在主要说什么话：

74.父亲是哪里人，会说什么话：

75.母亲是哪里人，会说什么话：

76.配偶是哪里人，会说什么话：

三　口头文化发音人

（一）口头文化发音人（1）

77.姓名：

78.通信地址：

79.电话：

80.性别：

81.民族：

82.出生年月公历：

83.出生地从省级至自然村级：

84.文化程度：

85.职业：

86.提供的调查材料：

（二）口头文化发音人（2）

87.姓名：

88.通信地址：

89.电话：

90.性别：

91.民族：

92.出生年月公历：

93.出生地从省级至自然村级：

94.文化程度：

95.职业：

96.提供的调查材料：

（三）口头文化发音人（3）

97.姓名：

98.通信地址：

99.电话：

100.性别：

101.民族：

102.出生年月公历：

103.出生地从省级至自然村级：

104.文化程度：

105.职业：

106.提供的调查材料：

（四）口头文化发音人（4）

107.姓名：

108.通信地址：

109.电话：

110.性别：

111.民族：

112.出生年月公历：

113.出生地从省级至自然村级：

114.文化程度：

115.职业：

116.提供的调查材料：

（五）口头文化发音人（5）

117.姓名：

118.通信地址：

119.电话：

120.性别：

121.民族：

122.出生年月公历：

123.出生地从省级至自然村级：

124.文化程度：

125.职业：

126.提供的调查材料：

（六）口头文化发音人（6）

127.姓名：

128.通信地址：

129.电话：

130.性别：

131.民族：

132.出生年月公历：

133.出生地从省级至自然村级：

134.文化程度：

135.职业：

136.提供的调查材料：

（七）口头文化发音人（7）

137.姓名：

138.通信地址：

139.电话：

140.性别：

141.民族：

142.出生年月公历：

143.出生地从省级至自然村级：

144.文化程度：

145.职业：

146.提供的调查材料：

四 地普发音人

（一）地普发音人（1）

147.姓名：

148.通信地址：

149.电话：

150.性别：

151.民族：

152.出生年月公历：

153.出生地从省级至自然村级：

154.文化程度：

155.职业：

（二）地普发音人（2）

156.姓名：

157.通信地址：

158.电话：

159.性别：

160.民族：

161.出生年月公历：

162.出生地从省级至自然村级：

163.文化程度：

164.职业：

（三）地普发音人（3）

165.姓名：

166.通信地址：

167.电话：

168.性别：

169.民族：

170.出生年月公历：

171.出生地从省级至自然村级：

172.文化程度：

173.职业：

五 调查人

174.负责人姓名：

175.单位：

176.通信地址：

177.电话：

178.E-mail ：

179.其他调查人 1 姓名：

180.其他调查人 2 姓名：

181.其他调查人 3 姓名：

182.其他调查人 4 姓名：

六 调查情况

183.录音话筒：

184.录音声卡：

185.摄像机：

186.调查时间：　　　年　　月　　日至　　年　　月　　日

187.调查地点：

188.当地协助调查的其他人员、单位及联系方式：

189.其他情况：

贰　语音

一 音系（方言老男）

（一）声调只记声调

古调	古声	例字	描写	调类调值
平	1. 全清	东 该 灯 风		
	2. 次清	通 开 天 春		
	3. 次浊	门 龙 牛 油		
	4. 全浊	铜 皮 糖 红		
上	5. 全清	懂 古 鬼 九		
	6. 次清	统 苦 讨 草		
	7. 次浊	买 老 五 有		
	8. 全浊	动 罪 近 后前~		
去	9. 全清	冻 怪 半 四		
	10. 次清	痛 快 寸 去		
	11. 次浊	卖 路 硬 乱		
	12. 全浊	洞 地 饭 树		
入	13. 全清	谷稻~ 百 搭 节 急		
	14. 次清	哭 拍 塔 切 刻		
	15. 次浊	六 麦 叶树~ 月		
	16. 全浊	毒 白 盒 罚		

（二）声母只记声母

1. ［帮］八　兵
2. ［滂］派　片
3. ［並］爬　病
4. ［明］麦　明
5. ［非］飞　风
6. ［敷］副　蜂
7. ［奉］肥　饭
8. ［微］味　问
9. ［端］多　东
10. ［透］讨　天
11. ［定］甜　毒
12. ［泥］脑　南　年　泥
13. ［来］老　蓝　连　路
14. ［精］资　早　租　酒
15. ［清］刺　草　寸　清
16. ［从］字　贼　坐　全
17. ［心］丝　三　酸　想
18. ［邪］祠　谢
19. ［知］张量　竹
20. ［彻］抽　拆
21. ［澄］茶　柱
22. ［庄］争　装
23. ［初］抄　初
24. ［崇］事　床
25. ［生］山　双
26. ［章］纸　主
27. ［昌］车车辆　春
28. ［船］船　顺
29. ［书］手　书
30. ［禅］十　城
31. ［日］热　软
32. ［见］高　九
33. ［溪］开　轻
34. ［群］共　权
35. ［疑］熬　月
36. ［晓］好～坏　灰　响
37. ［匣］活　县
38. ［影］安　温
39. ［云］王　云～彩
40. ［以］用　药

（三）韵母只记韵母

1. ［果］歌 坐 过~来 靴
2. ［假］茶 牙 写 瓦名
3. ［遇］苦 五 猪 雨
4. ［蟹］开 排 鞋 米 赔 对 快
5. ［止］师 丝 试 戏 二 飞 鬼
6. ［效］宝 饱 笑 桥
7. ［流］豆 走 油

---

8. ［咸阳］南 盐
9. ［深阳］心 深
10. ［山阳］山 年 半 短 官 权
11. ［臻阳］根 新 寸 滚 春 云~彩
12. ［宕阳］糖 响 床 王
13. ［江阳］双 讲
14. ［曾阳］灯 升
15. ［梗阳］硬 争 病 星 横~竖 兄
16. ［通阳］东 用

---

17. ［咸入］盒 塔 鸭 接 贴 法
18. ［深入］十 急
19. ［山入］辣 八 热 节 活 刮 月
20. ［臻入］七 一 骨 出 橘
21. ［宕入］托 药 郭
22. ［江入］壳 学
23. ［曾入］北 直 色 国
24. ［梗入］白 尺 锡
25. ［通入］谷稻~ 六 绿 局

（四）关于音系的说明

说明：

需按以下5项分别说明。如空白页不够可另加附页。

1. 声韵调音值描写、音位处理说明。
2. 两字组连读变调规律。
3. 儿化、小称音变规律。
4. 其他主要音变规律。
5. 据《调查手册》之外的语料补充的声韵调音位。

二 单字（方言老男）

0001.多
0002.拖
0003.大~小
0004.锣
0005.左
0006.歌
0007.个
0008.可
0009.鹅
0010.饿
0011.河
0012.茄
0013.破
0014.婆
0015.磨动
0016.磨名
0017.躲
0018.螺
0019.坐
0020.锁
0021.果
0022.过~来
0023.课
0024.火
0025.货
0026.祸
0027.靴
0028.把量
0029.爬
0030.马
0031.骂
0032.茶
0033.沙
0034.假真~
0035.嫁
0036.牙
0037.虾
0038.下方位
0039.夏春~
0040.哑
0041.姐
0042.借
0043.写
0044.斜
0045.谢
0046.车车辆
0047.蛇
0048.射
0049.爷
0050.野
0051.夜
0052.瓜
0053.瓦名
0054.花
0055.化
0056.华中~
0057.谱家~，注意声
0058.布
0059.铺动
0060.簿
0061.步
0062.赌
0063.土

0064.图
0065.杜
0066.奴
0067.路
0068.租
0069.做
0070.错对~
0071.箍~桶，注意声
0072.古
0073.苦
0074.裤
0075.吴
0076.五
0077.虎
0078.壶
0079.户
0080.乌
0081.女
0082.吕
0083.徐
0084.猪
0085.除
0086.初
0087.锄
0088.所
0089.书
0090.鼠
0091.如
0092.举
0093.锯名
0094.去
0095.渠~道
0096.鱼
0097.许
0098.余剩~，多~
0099.府
0100.付
0101.父
0102.武
0103.雾
0104.取
0105.柱
0106.住
0107.数动
0108.数名
0109.主
0110.输
0111.竖
0112.树
0113.句
0114.区地~
0115.遇
0116.雨
0117.芋
0118.裕
0119.胎
0120.台戏~
0121.袋
0122.来
0123.菜
0124.财
0125.该
0126.改
0127.开
0128.海
0129.爱
0130.贝
0131.带动
0132.盖动

0133.害
0134.拜
0135.排
0136.埋
0137.戒
0138.摆
0139.派注意调
0140.牌
0141.买
0142.卖
0143.柴
0144.晒
0145.街
0146.解~开
0147.鞋
0148.蟹注意声调
0149.矮
0150.败
0151.币
0152.制~造
0153.世
0154.艺
0155.米
0156.低
0157.梯
0158.剃
0159.弟
0160.递
0161.泥
0162.犁
0163.西
0164.洗
0165.鸡
0166.溪
0167.契
0168.系联~
0169.杯
0170.配
0171.赔
0172.背~诵
0173.煤
0174.妹
0175.对
0176.雷
0177.罪
0178.碎
0179.灰
0180.回
0181.外
0182.会开~
0183.怪
0184.块
0185.怀
0186.坏
0187.拐
0188.挂
0189.歪注意声
0190.画
0191.快
0192.话
0193.岁
0194.卫
0195.肺
0196.桂
0197.碑
0198.皮
0199.被~子
0200.紫
0201.刺

0202.知
0203.池
0204.纸
0205.儿
0206.寄
0207.骑
0208.蚁注意韵
0209.义
0210.戏
0211.移
0212.比
0213.屁
0214.鼻注意调
0215.眉
0216.地
0217.梨
0218.资
0219.死
0220.四
0221.迟
0222.师
0223.指
0224.二
0225.饥~饿
0226.器
0227.姨
0228.李
0229.子
0230.字
0231.丝
0232.祠
0233.寺
0234.治
0235.柿
0236.事
0237.使
0238.试
0239.时
0240.市
0241.耳
0242.记
0243.棋
0244.喜
0245.意
0246.几~个
0247.气
0248.希
0249.衣
0250.嘴
0251.随
0252.吹
0253.垂
0254.规
0255.亏
0256.跪注意声调
0257.危
0258.类
0259.醉
0260.追
0261.锤
0262.水
0263.龟
0264.季
0265.柜
0266.位
0267.飞
0268.费
0269.肥
0270.尾

0271.味
0272.鬼
0273.贵
0274.围
0275.胃
0276.宝
0277.抱
0278.毛
0279.帽
0280.刀
0281.讨
0282.桃
0283.道
0284.脑
0285.老
0286.早
0287.灶
0288.草
0289.糙注意调
0290.造
0291.嫂
0292.高
0293.靠
0294.熬
0295.好~坏
0296.号名
0297.包
0298.饱
0299.炮
0300.猫注意调
0301.闹
0302.罩
0303.抓用手~牌
0304.找~零钱
0305.抄
0306.交
0307.敲
0308.孝
0309.校学~
0310.表手~
0311.票
0312.庙
0313.焦
0314.小
0315.笑
0316.朝~代
0317.照
0318.烧
0319.绕~线
0320.桥
0321.轿
0322.腰
0323.要重~
0324.摇
0325.鸟注意声
0326.钓
0327.条
0328.料
0329.箫
0330.叫
0331.母丈~，舅~
0332.抖
0333.偷
0334.头
0335.豆
0336.楼
0337.走
0338.凑
0339.钩注意声

0340.狗
0341.够
0342.口
0343.藕
0344.后前～
0345.厚
0346.富
0347.副
0348.浮
0349.妇
0350.流
0351.酒
0352.修
0353.袖
0354.抽
0355.绸
0356.愁
0357.瘦
0358.州
0359.臭香～
0360.手
0361.寿
0362.九
0363.球
0364.舅
0365.旧
0366.牛
0367.休
0368.优
0369.有
0370.右
0371.油
0372.丢
0373.幼
0374.贪
0375.潭
0376.南
0377.蚕
0378.感
0379.含～一口水
0380.暗
0381.搭
0382.踏注意声调
0383.拉注意调
0384.杂
0385.鸽
0386.盒
0387.胆
0388.毯
0389.淡
0390.蓝
0391.三
0392.甘
0393.敢
0394.喊注意调
0395.塔
0396.蜡
0397.赚
0398.杉～木，注意韵
0399.减
0400.咸～淡
0401.插
0402.闸
0403.夹～子
0404.衫
0405.监
0406.岩
0407.甲
0408.鸭

0409.黏~液
0410.尖
0411.签~名
0412.占~领
0413.染
0414.钳
0415.验
0416.险
0417.厌
0418.炎
0419.盐
0420.接
0421.折~叠
0422.叶树~
0423.剑
0424.欠
0425.严
0426.业
0427.点
0428.店
0429.添
0430.甜
0431.念
0432.嫌
0433.跌注意声调
0434.贴
0435.碟
0436.协
0437.犯
0438.法
0439.品
0440.林
0441.浸
0442.心
0443.寻
0444.沉
0445.参人~
0446.针
0447.深
0448.任责~
0449.金
0450.琴
0451.音
0452.立
0453.集
0454.习
0455.汁
0456.十
0457.入
0458.急
0459.及
0460.吸
0461.单简~
0462.炭
0463.弹~琴
0464.难~易
0465.兰
0466.懒
0467.烂
0468.伞注意调
0469.肝
0470.看~见
0471.岸
0472.汉
0473.汗
0474.安
0475.达
0476.辣
0477.擦

0478.割
0479.渴
0480.扮
0481.办
0482.铲
0483.山
0484.产~妇，注意声
0485.间房~，一~房
0486.眼
0487.限
0488.八
0489.扎
0490.杀
0491.班
0492.板
0493.慢
0494.奸
0495.颜
0496.瞎
0497.变
0498.骗欺~
0499.便方~
0500.棉
0501.面~孔
0502.连
0503.剪
0504.浅
0505.钱
0506.鲜
0507.线
0508.缠
0509.战
0510.扇名
0511.善
0512.件
0513.延
0514.别~人
0515.灭
0516.列
0517.撤
0518.舌
0519.设
0520.热
0521.杰
0522.孽
0523.建
0524.健
0525.言
0526.歇
0527.扁
0528.片
0529.面~条
0530.典
0531.天
0532.田
0533.垫
0534.年
0535.莲
0536.前
0537.先
0538.肩
0539.见
0540.牵
0541.显
0542.现
0543.烟
0544.憋
0545.篾
0546.铁

0547.捏
0548.节
0549.切动
0550.截
0551.结
0552.搬
0553.半
0554.判
0555.盘
0556.满
0557.端~午
0558.短
0559.断绳~了
0560.暖
0561.乱
0562.酸
0563.算
0564.官
0565.宽
0566.欢
0567.完
0568.换
0569.碗
0570.拨
0571.泼
0572.末
0573.脱
0574.夺
0575.阔
0576.活
0577.顽~皮，~固
0578.滑
0579.挖
0580.闩
0581.关~门
0582.惯
0583.还动
0584.还副
0585.弯
0586.刷
0587.刮
0588.全
0589.选
0590.转~眼，~送
0591.传~下来
0592.传~记
0593.砖
0594.船
0595.软
0596.卷~起
0597.圈圆~
0598.权
0599.圆
0600.院
0601.铅~笔，注意声调
0602.绝
0603.雪
0604.反
0605.翻
0606.饭
0607.晚
0608.万麻将牌
0609.劝
0610.原
0611.冤
0612.园
0613.远
0614.发头~
0615.罚

0616.袜
0617.月
0618.越
0619.县
0620.决
0621.缺
0622.血
0623.吞
0624.根
0625.恨
0626.恩
0627.贫
0628.民
0629.邻
0630.进
0631.亲~人
0632.新
0633.镇
0634.陈
0635.震
0636.神
0637.身
0638.辰
0639.人
0640.认
0641.紧
0642.银
0643.印
0644.引
0645.笔
0646.匹
0647.密
0648.栗
0649.七
0650.侄
0651.虱
0652.实
0653.失
0654.日
0655.吉
0656.一
0657.筋
0658.劲有~
0659.勤
0660.近
0661.隐
0662.本
0663.盆
0664.门
0665.墩
0666.嫩
0667.村
0668.寸
0669.蹲注意声
0670.孙~子
0671.滚
0672.困
0673.婚
0674.魂
0675.温
0676.卒棋子
0677.骨
0678.轮
0679.俊注意声
0680.笋
0681.准
0682.春
0683.唇
0684.顺

0685.纯
0686.闰
0687.均
0688.匀
0689.律
0690.出
0691.橘
0692.分动
0693.粉
0694.粪
0695.坟
0696.蚊
0697.问
0698.军
0699.裙
0700.熏
0701.云~彩
0702.运
0703.佛~像
0704.物
0705.帮
0706.忙
0707.党
0708.汤
0709.糖
0710.浪
0711.仓
0712.钢名
0713.糠
0714.薄形
0715.摸注意调
0716.托
0717.落
0718.作
0719.索
0720.各
0721.鹤
0722.恶形，入声
0723.娘
0724.两斤~
0725.亮
0726.浆
0727.抢
0728.匠
0729.想
0730.像
0731.张量
0732.长~短
0733.装
0734.壮
0735.疮
0736.床
0737.霜
0738.章
0739.厂
0740.唱
0741.伤
0742.尝
0743.上~去
0744.让
0745.姜生~
0746.响
0747.向
0748.秧
0749.痒
0750.样
0751.雀注意声
0752.削
0753.着火~了

0754.勺
0755.弱
0756.脚
0757.约
0758.药
0759.光~线
0760.慌
0761.黄
0762.郭
0763.霍
0764.方
0765.放
0766.纺
0767.房
0768.防
0769.网
0770.筐
0771.狂
0772.王
0773.旺
0774.缚
0775.绑
0776.胖
0777.棒
0778.桩
0779.撞
0780.窗
0781.双
0782.江
0783.讲
0784.降投~
0785.项
0786.剥
0787.桌
0788.镯
0789.角
0790.壳
0791.学
0792.握
0793.朋
0794.灯
0795.等
0796.凳
0797.藤
0798.能
0799.层
0800.僧注意声
0801.肯
0802.北
0803.墨
0804.得
0805.特
0806.贼
0807.塞
0808.刻
0809.黑
0810.冰
0811.证
0812.秤
0813.绳
0814.剩
0815.升
0816.兴高~
0817.蝇注意声
0818.逼
0819.力
0820.息
0821.直
0822.侧注意声

0823.测
0824.色
0825.织
0826.食
0827.式
0828.极
0829.国
0830.或
0831.猛
0832.打注意韵
0833.冷
0834.生
0835.省～长
0836.更三～，打～
0837.梗注意韵
0838.坑
0839.硬
0840.行～为，～走
0841.百
0842.拍
0843.白
0844.拆
0845.择
0846.窄
0847.格
0848.客
0849.额
0850.棚
0851.争
0852.耕
0853.麦
0854.摘
0855.策
0856.隔
0857.兵
0858.柄注意调
0859.平
0860.病
0861.明
0862.命
0863.镜
0864.庆
0865.迎
0866.影
0867.剧戏～
0868.饼
0869.名
0870.领
0871.井
0872.清
0873.静
0874.姓
0875.贞
0876.程
0877.整
0878.正～反
0879.声
0880.城
0881.轻
0882.赢
0883.积
0884.惜
0885.席
0886.尺
0887.石
0888.益
0889.瓶
0890.钉名
0891.顶

0892.厅
0893.听~见，注意调
0894.停
0895.挺
0896.定
0897.零
0898.青
0899.星
0900.经
0901.形
0902.壁
0903.劈
0904.踢
0905.笛
0906.历农~
0907.锡
0908.击
0909.吃
0910.横~竖
0911.划计~
0912.兄
0913.荣
0914.永
0915.营
0916.蓬~松
0917.东
0918.懂
0919.冻
0920.通
0921.桶注意声调
0922.痛
0923.铜
0924.动
0925.洞
0926.聋注意调
0927.弄注意声
0928.粽
0929.葱
0930.送
0931.公
0932.孔
0933.烘~干
0934.红
0935.翁
0936.木
0937.读
0938.鹿
0939.族
0940.谷稻~
0941.哭
0942.屋
0943.冬~至
0944.统注意调
0945.脓注意调
0946.松~紧
0947.宋
0948.毒
0949.风
0950.丰
0951.凤
0952.梦
0953.中当~
0954.虫
0955.终
0956.充
0957.宫
0958.穷
0959.熊注意声
0960.雄注意声

0961.福
0962.服
0963.目
0964.六
0965.宿住~，~舍
0966.竹
0967.畜~生
0968.缩
0969.粥
0970.叔
0971.熟
0972.肉
0973.菊
0974.育
0975.封
0976.蜂
0977.缝一条~
0978.浓
0979.龙
0980.松松树，注意声调
0981.重轻~
0982.肿
0983.种~树
0984.冲
0985.恭
0986.共
0987.凶吉~
0988.拥注意调
0989.容
0990.用
0991.绿
0992.足
0993.烛
0994.赎
0995.属
0996.褥
0997.曲~折，歌~
0998.局
0999.玉
1000.浴

三 音系（方言青男）

（一）声调 只记声调

古调	古声	例字	描写	调类调值
平	1. 全清	东 该 灯 风		
	2. 次清	通 开 天 春		
	3. 次浊	门 龙 牛 油		
	4. 全浊	铜 皮 糖 红		
上	5. 全清	懂 古 鬼 九		
	6. 次清	统 苦 讨 草		
	7. 次浊	买 老 五 有		
	8. 全浊	动 罪 近 后前~		
去	9. 全清	冻 怪 半 四		
	10. 次清	痛 快 寸 去		
	11. 次浊	卖 路 硬 乱		
	12. 全浊	洞 地 饭 树		
入	13. 全清	谷稻~ 百 搭 节 急		
	14. 次清	哭 拍 塔 切 刻		
	15. 次浊	六 麦 叶树~ 月		
	16. 全浊	毒 白 盒 罚		

（二）声母只记声母

1. [帮] 八　兵
2. [滂] 派　片
3. [並] 爬　病
4. [明] 麦　明
5. [非] 飞　风
6. [敷] 副　蜂
7. [奉] 肥　饭
8. [微] 味　问
9. [端] 多　东
10. [透] 讨　天
11. [定] 甜　毒
12. [泥] 脑　南　年　泥
13. [来] 老　蓝　连　路
14. [精] 资　早　租　酒
15. [清] 刺　草　寸　清
16. [从] 字　贼　坐　全
17. [心] 丝　三　酸　想
18. [邪] 祠　谢
19. [知] 张量　竹
20. [彻] 抽　拆
21. [澄] 茶　柱
22. [庄] 争　装
23. [初] 抄　初
24. [崇] 事　床
25. [生] 山　双
26. [章] 纸　主
27. [昌] 车车辆　春
28. [船] 船　顺
29. [书] 手　书
30. [禅] 十　城
31. [日] 热　软
32. [见] 高　九
33. [溪] 开　轻
34. [群] 共　权
35. [疑] 熬　月
36. [晓] 好~坏　灰　响
37. [匣] 活　县
38. [影] 安　温
39. [云] 王　云~彩
40. [以] 用　药

（三）韵母只记韵母

1. ［果］歌　坐　过~来　靴
2. ［假］茶　牙　写　瓦名
3. ［遇］苦　五　猪　雨
4. ［蟹］开　排　鞋　米　赔　对　快
5. ［止］师　丝　试　戏　二　飞　鬼
6. ［效］宝　饱　笑　桥
7. ［流］豆　走　油

---

8. ［咸阳］南　盐
9. ［深阳］心　深
10. ［山阳］山　年　半　短　官　权
11. ［臻阳］根　新　寸　滚　春　云~彩
12. ［宕阳］糖　响　床　王
13. ［江阳］双　讲
14. ［曾阳］灯　升
15. ［梗阳］硬　争　病　星　横~竖　兄
16. ［通阳］东　用

---

17. ［咸入］盒　塔　鸭　接　贴　法
18. ［深入］十　急
19. ［山入］辣　八　热　节　活　刮　月
20. ［臻入］七　一　骨　出　橘
21. ［宕入］托　药　郭
22. ［江入］壳　学
23. ［曾入］北　直　色　国
24. ［梗入］白　尺　锡
25. ［通入］谷稻~　六　绿　局

（四）关于音系的说明

说明：

需按以下 2 项分别说明。如空白页不够可另加附页。

1. 声韵调音值描写、音位处理说明。

2. 其他。

四 单字（方言青男）

0001.多
0002.拖
0003.大~小
0004.锣
0005.左
0006.歌
0007.个
0008.可
0009.鹅
0010.饿
0011.河
0012.茄
0013.破
0014.婆
0015.磨动
0016.磨名
0017.躲
0018.螺
0019.坐
0020.锁
0021.果
0022.过~来
0023.课
0024.火
0025.货
0026.祸
0027.靴
0028.把量
0029.爬
0030.马
0031.骂
0032.茶
0033.沙
0034.假真~
0035.嫁
0036.牙
0037.虾
0038.下方位
0039.夏春~
0040.哑
0041.姐
0042.借
0043.写
0044.斜
0045.谢
0046.车车辆
0047.蛇
0048.射
0049.爷
0050.野
0051.夜
0052.瓜
0053.瓦名
0054.花
0055.化
0056.华中~
0057.谱家~，注意声
0058.布
0059.铺动
0060.簿
0061.步
0062.赌
0063.土

0064.图
0065.杜
0066.奴
0067.路
0068.租
0069.做
0070.错对~
0071.箍~桶，注意声
0072.古
0073.苦
0074.裤
0075.吴
0076.五
0077.虎
0078.壶
0079.户
0080.乌
0081.女
0082.吕
0083.徐
0084.猪
0085.除
0086.初
0087.锄
0088.所
0089.书
0090.鼠
0091.如
0092.举
0093.锯名
0094.去
0095.渠~道
0096.鱼
0097.许
0098.余剩~，多~
0099.府
0100.付
0101.父
0102.武
0103.雾
0104.取
0105.柱
0106.住
0107.数动
0108.数名
0109.主
0110.输
0111.竖
0112.树
0113.句
0114.区地~
0115.遇
0116.雨
0117.芋
0118.裕
0119.胎
0120.台戏~
0121.袋
0122.来
0123.菜
0124.财
0125.该
0126.改
0127.开
0128.海
0129.爱
0130.贝
0131.带动
0132.盖动

0133.害
0134.拜
0135.排
0136.埋
0137.戒
0138.摆
0139.派注意调
0140.牌
0141.买
0142.卖
0143.柴
0144.晒
0145.街
0146.解～开
0147.鞋
0148.蟹注意声调
0149.矮
0150.败
0151.币
0152.制～造
0153.世
0154.艺
0155.米
0156.低
0157.梯
0158.剃
0159.弟
0160.递
0161.泥
0162.犁
0163.西
0164.洗
0165.鸡
0166.溪
0167.契
0168.系联～
0169.杯
0170.配
0171.赔
0172.背～诵
0173.煤
0174.妹
0175.对
0176.雷
0177.罪
0178.碎
0179.灰
0180.回
0181.外
0182.会开～
0183.怪
0184.块
0185.怀
0186.坏
0187.拐
0188.挂
0189.歪注意声
0190.画
0191.快
0192.话
0193.岁
0194.卫
0195.肺
0196.桂
0197.碑
0198.皮
0199.被～子
0200.紫
0201.刺

0202.知
0203.池
0204.纸
0205.儿
0206.寄
0207.骑
0208.蚁注意韵
0209.义
0210.戏
0211.移
0212.比
0213.屁
0214.鼻注意调
0215.眉
0216.地
0217.梨
0218.资
0219.死
0220.四
0221.迟
0222.师
0223.指
0224.二
0225.饥~饿
0226.器
0227.姨
0228.李
0229.子
0230.字
0231.丝
0232.祠
0233.寺
0234.治
0235.柿
0236.事
0237.使
0238.试
0239.时
0240.市
0241.耳
0242.记
0243.棋
0244.喜
0245.意
0246.几~个
0247.气
0248.希
0249.衣
0250.嘴
0251.随
0252.吹
0253.垂
0254.规
0255.亏
0256.跪注意声调
0257.危
0258.类
0259.醉
0260.追
0261.锤
0262.水
0263.龟
0264.季
0265.柜
0266.位
0267.飞
0268.费
0269.肥
0270.尾

0271.味
0272.鬼
0273.贵
0274.围
0275.胃
0276.宝
0277.抱
0278.毛
0279.帽
0280.刀
0281.讨
0282.桃
0283.道
0284.脑
0285.老
0286.早
0287.灶
0288.草
0289.糙注意调
0290.造
0291.嫂
0292.高
0293.靠
0294.熬
0295.好~坏
0296.号名
0297.包
0298.饱
0299.炮
0300.猫注意调
0301.闹
0302.罩
0303.抓用手~牌
0304.找~零钱
0305.抄
0306.交
0307.敲
0308.孝
0309.校学~
0310.表手~
0311.票
0312.庙
0313.焦
0314.小
0315.笑
0316.朝~代
0317.照
0318.烧
0319.绕~线
0320.桥
0321.轿
0322.腰
0323.要重~
0324.摇
0325.鸟注意声
0326.钓
0327.条
0328.料
0329.箫
0330.叫
0331.母丈~，舅~
0332.抖
0333.偷
0334.头
0335.豆
0336.楼
0337.走
0338.凑
0339.钩注意声

0340.狗
0341.够
0342.口
0343.藕
0344.后前~
0345.厚
0346.富
0347.副
0348.浮
0349.妇
0350.流
0351.酒
0352.修
0353.袖
0354.抽
0355.绸
0356.愁
0357.瘦
0358.州
0359.臭香~
0360.手
0361.寿
0362.九
0363.球
0364.舅
0365.旧
0366.牛
0367.休
0368.优
0369.有
0370.右
0371.油
0372.丢
0373.幼
0374.贪
0375.潭
0376.南
0377.蚕
0378.感
0379.含~一口水
0380.暗
0381.搭
0382.踏注意声调
0383.拉注意调
0384.杂
0385.鸽
0386.盒
0387.胆
0388.毯
0389.淡
0390.蓝
0391.三
0392.甘
0393.敢
0394.喊注意调
0395.塔
0396.蜡
0397.赚
0398.杉~木，注意韵
0399.减
0400.咸~淡
0401.插
0402.闸
0403.夹~子
0404.衫
0405.监
0406.岩
0407.甲
0408.鸭

0409.黏~液
0410.尖
0411.签~名
0412.占~领
0413.染
0414.钳
0415.验
0416.险
0417.厌
0418.炎
0419.盐
0420.接
0421.折~叠
0422.叶树~
0423.剑
0424.欠
0425.严
0426.业
0427.点
0428.店
0429.添
0430.甜
0431.念
0432.嫌
0433.跌注意声调
0434.贴
0435.碟
0436.协
0437.犯
0438.法
0439.品
0440.林
0441.浸
0442.心
0443.寻
0444.沉
0445.参人~
0446.针
0447.深
0448.任责~
0449.金
0450.琴
0451.音
0452.立
0453.集
0454.习
0455.汁
0456.十
0457.入
0458.急
0459.及
0460.吸
0461.单简~
0462.炭
0463.弹~琴
0464.难~易
0465.兰
0466.懒
0467.烂
0468.伞注意调
0469.肝
0470.看~见
0471.岸
0472.汉
0473.汗
0474.安
0475.达
0476.辣
0477.擦

0478.割
0479.渴
0480.扮
0481.办
0482.铲
0483.山
0484.产～妇，注意声
0485.间房～，一～房
0486.眼
0487.限
0488.八
0489.扎
0490.杀
0491.班
0492.板
0493.慢
0494.奸
0495.颜
0496.瞎
0497.变
0498.骗欺～
0499.便方～
0500.棉
0501.面～孔
0502.连
0503.剪
0504.浅
0505.钱
0506.鲜
0507.线
0508.缠
0509.战
0510.扇名
0511.善
0512.件
0513.延
0514.别～人
0515.灭
0516.列
0517.撤
0518.舌
0519.设
0520.热
0521.杰
0522.孽
0523.建
0524.健
0525.言
0526.歇
0527.扁
0528.片
0529.面～条
0530.典
0531.天
0532.田
0533.垫
0534.年
0535.莲
0536.前
0537.先
0538.肩
0539.见
0540.牵
0541.显
0542.现
0543.烟
0544.憋
0545.篾
0546.铁

0547.捏
0548.节
0549.切动
0550.截
0551.结
0552.搬
0553.半
0554.判
0555.盘
0556.满
0557.端~午
0558.短
0559.断绳~了
0560.暖
0561.乱
0562.酸
0563.算
0564.官
0565.宽
0566.欢
0567.完
0568.换
0569.碗
0570.拨
0571.泼
0572.末
0573.脱
0574.夺
0575.阔
0576.活
0577.顽~皮，~固
0578.滑
0579.挖
0580.闩
0581.关~门
0582.惯
0583.还动
0584.还副
0585.弯
0586.刷
0587.刮
0588.全
0589.选
0590.转~眼，~送
0591.传~下来
0592.传~记
0593.砖
0594.船
0595.软
0596.卷~起
0597.圈圆~
0598.权
0599.圆
0600.院
0601.铅~笔，注意声调
0602.绝
0603.雪
0604.反
0605.翻
0606.饭
0607.晚
0608.万麻将牌
0609.劝
0610.原
0611.冤
0612.园
0613.远
0614.发头~
0615.罚

0616.袜
0617.月
0618.越
0619.县
0620.决
0621.缺
0622.血
0623.吞
0624.根
0625.恨
0626.恩
0627.贫
0628.民
0629.邻
0630.进
0631.亲~人
0632.新
0633.镇
0634.陈
0635.震
0636.神
0637.身
0638.辰
0639.人
0640.认
0641.紧
0642.银
0643.印
0644.引
0645.笔
0646.匹
0647.密
0648.栗
0649.七
0650.侄
0651.虱
0652.实
0653.失
0654.日
0655.吉
0656.一
0657.筋
0658.劲有~
0659.勤
0660.近
0661.隐
0662.本
0663.盆
0664.门
0665.墩
0666.嫩
0667.村
0668.寸
0669.蹲注意声
0670.孙~子
0671.滚
0672.困
0673.婚
0674.魂
0675.温
0676.卒棋子
0677.骨
0678.轮
0679.俊注意声
0680.笋
0681.准
0682.春
0683.唇
0684.顺

0685.纯
0686.闰
0687.均
0688.匀
0689.律
0690.出
0691.橘
0692.分动
0693.粉
0694.粪
0695.坟
0696.蚊
0697.问
0698.军
0699.裙
0700.熏
0701.云~彩
0702.运
0703.佛~像
0704.物
0705.帮
0706.忙
0707.党
0708.汤
0709.糖
0710.浪
0711.仓
0712.钢名
0713.糠
0714.薄形
0715.摸注意调
0716.托
0717.落
0718.作
0719.索
0720.各
0721.鹤
0722.恶形，入声
0723.娘
0724.两斤~
0725.亮
0726.浆
0727.抢
0728.匠
0729.想
0730.像
0731.张量
0732.长~短
0733.装
0734.壮
0735.疮
0736.床
0737.霜
0738.章
0739.厂
0740.唱
0741.伤
0742.尝
0743.上~去
0744.让
0745.姜生~
0746.响
0747.向
0748.秧
0749.痒
0750.样
0751.雀注意声
0752.削
0753.着火~了

0754.勺
0755.弱
0756.脚
0757.约
0758.药
0759.光~线
0760.慌
0761.黄
0762.郭
0763.霍
0764.方
0765.放
0766.纺
0767.房
0768.防
0769.网
0770.筐
0771.狂
0772.王
0773.旺
0774.缚
0775.绑
0776.胖
0777.棒
0778.桩
0779.撞
0780.窗
0781.双
0782.江
0783.讲
0784.降投~
0785.项
0786.剥
0787.桌
0788.镯
0789.角
0790.壳
0791.学
0792.握
0793.朋
0794.灯
0795.等
0796.凳
0797.藤
0798.能
0799.层
0800.僧注意声
0801.肯
0802.北
0803.墨
0804.得
0805.特
0806.贼
0807.塞
0808.刻
0809.黑
0810.冰
0811.证
0812.秤
0813.绳
0814.剩
0815.升
0816.兴高~
0817.蝇注意声
0818.逼
0819.力
0820.息
0821.直
0822.侧注意声

0823.测
0824.色
0825.织
0826.食
0827.式
0828.极
0829.国
0830.或
0831.猛
0832.打注意韵
0833.冷
0834.生
0835.省~长
0836.更三~，打~
0837.梗注意韵
0838.坑
0839.硬
0840.行~为，~走
0841.百
0842.拍
0843.白
0844.拆
0845.择
0846.窄
0847.格
0848.客
0849.额
0850.棚
0851.争
0852.耕
0853.麦
0854.摘
0855.策
0856.隔
0857.兵
0858.柄注意调
0859.平
0860.病
0861.明
0862.命
0863.镜
0864.庆
0865.迎
0866.影
0867.剧戏~
0868.饼
0869.名
0870.领
0871.井
0872.清
0873.静
0874.姓
0875.贞
0876.程
0877.整
0878.正~反
0879.声
0880.城
0881.轻
0882.赢
0883.积
0884.惜
0885.席
0886.尺
0887.石
0888.益
0889.瓶
0890.钉名
0891.顶

0892.厅
0893.听~见，注意调
0894.停
0895.挺
0896.定
0897.零
0898.青
0899.星
0900.经
0901.形
0902.壁
0903.劈
0904.踢
0905.笛
0906.历农~
0907.锡
0908.击
0909.吃
0910.横~竖
0911.划计~
0912.兄
0913.荣
0914.永
0915.营
0916.蓬~松
0917.东
0918.懂
0919.冻
0920.通
0921.桶注意声调
0922.痛
0923.铜
0924.动
0925.洞
0926.聋注意调
0927.弄注意声
0928.粽
0929.葱
0930.送
0931.公
0932.孔
0933.烘~干
0934.红
0935.翁
0936.木
0937.读
0938.鹿
0939.族
0940.谷稻~
0941.哭
0942.屋
0943.冬~至
0944.统注意调
0945.脓注意调
0946.松~紧
0947.宋
0948.毒
0949.风
0950.丰
0951.凤
0952.梦
0953.中当~
0954.虫
0955.终
0956.充
0957.宫
0958.穷
0959.熊注意声
0960.雄注意声

0961.福

0962.服

0963.目

0964.六

0965.宿住~, ~舍

0966.竹

0967.畜~生

0968.缩

0969.粥

0970.叔

0971.熟

0972.肉

0973.菊

0974.育

0975.封

0976.蜂

0977.缝一条~

0978.浓

0979.龙

0980.松松树，注意声调

0981.重轻~

0982.肿

0983.种~树

0984.冲

0985.恭

0986.共

0987.凶吉~

0988.拥注意调

0989.容

0990.用

0991.绿

0992.足

0993.烛

0994.赎

0995.属

0996.褥

0997.曲~折，歌~

0998.局

0999.玉

1000.浴

叁 词汇

一 天文地理

（一）天文

0001.太阳~下山了

0002.月亮~出来了

0003.星星

0004.云

0005.风

0006.台风

0007.闪电名词

0008.雷

0009.雨

0010.下雨

0011.淋衣服被雨~湿了

0012.晒~粮食

0013.雪

0014.冰

0015.冰雹

0016.霜

0017.雾

0018.露

0019.虹统称

0020.日食

0021.月食

0022.天气

0023.晴天~

0024.阴天~

0025.旱天~

0026.涝天~

0027.天亮

（二）地貌

0028.水田

0029.旱地浇不上水的耕地

0030.田埂

0031.路野外的

0032.山

0033.山谷

0034.江大的河

0035.溪小的河

0036.水沟儿较小的水道

0037.湖

0038.池塘

0039.水坑儿地面上有积水的小洼儿

0040.洪水

0041.淹被水~了

0042.河岸

0043.坝拦河修筑拦水的

0044.地震

0045.窟窿小的

0046.缝儿统称

（三）物象

0047.石头统称

0048.土统称

0049.泥湿的

0050.水泥旧称

0051.沙子

0052.砖整块的

0053.瓦整块的

0054.煤

0055.煤油

0056.炭木炭

0057.灰烧成的

0058.灰尘桌面上的

0059.火

0060.烟烧火形成的

0061.失火

0062.水

0063.凉水

0064.热水如洗脸的热水，不是指喝的开水

0065.开水喝的

0066.磁铁

二 时间方位

（一）时间

0067.时候吃饭的~

0068.什么时候

0069.现在

0070.以前十年~

0071.以后十年~

0072.一辈子

0073.今年

0074.明年

0075.后年

0076.去年

0077.前年

0078.往年过去的年份

0079.年初

0080.年底

0081.今天

0082.明天

0083.后天

0084.大后天

0085.昨天

0086.前天

0087.大前天

0088.整天

0089.每天

0090.早晨

0091.上午

0092.中午

0093.下午

0094.傍晚

0095.白天

0096.夜晚与白天相对，统称

0097.半夜

0098.正月农历

0099.大年初一农历

0100.元宵节

0101.清明

0102.端午

0103.七月十五农历，节日名

0104.中秋

0105.冬至

0106.腊月农历十二月

0107.除夕农历

0108.历书

0109.阴历

0110.阳历

0111.星期天

（二）方位

0112.地方

0113.什么地方

0114.家里

0115.城里

0116.乡下

0117.上面从~滚下来

0118.下面从~爬上去

0119.左边

0120.右边

0121.中间排队排在~

0122.前面排队排在~

0123.后面排队排在~

0124.末尾排队排在~

0125.对面

0126.面前

0127.背后

0128.里面躲在~

0129.外面衣服晒在~

0130.旁边

0131.上碗在桌子~

0132.下凳子在桌子~

0133.边儿桌子的~

0134.角儿桌子的~

0135.上去他~了

0136.下来他~了

0137.进去他~了

0138.出来他~了

0139.出去他~了

0140.回来他~了

0141.起来天冷~了

三 植物

(一)一般植物

0142.树

0143.木头

0144.松树统称

0145.柏树统称

0146.杉树

0147.柳树

0148.竹子统称

0149.笋

0150.叶子

0151.花

0152.花蕾花骨朵

0153.梅花

0154.牡丹

0155.荷花

0156.草

0157.藤

0158.刺名词

0159.水果

0160.苹果

0161.桃子

0162.梨

0163.李子

0164.杏

0165.橘子

0166.柚子

0167.柿子

0168.石榴

0169.枣

0170.栗子

0171.核桃

0172.银杏白果

0173.甘蔗

0174.木耳

0175.蘑菇野生的

0176.香菇

（二）农作物

0177.稻子指植物

0178.稻谷指子实（脱粒后是大米）

0179.稻草脱粒后的

0180.大麦指植物

0181.小麦指植物

0182.麦秸脱粒后的

0183.谷子指植物（子实脱粒后是小米）

0184.高粱指植物

0185.玉米指成株的植物

0186.棉花指植物

0187.油菜油料作物，不是蔬菜

0188.芝麻

0189.向日葵指植物

0190.蚕豆

0191.豌豆

0192.花生指果实，注意婉称

0193.黄豆

0194.绿豆

0195.豇豆长条形的

0196.大白菜东北~

0197.包心菜卷心菜，圆白菜，球形的

0198.菠菜

0199.芹菜

0200.莴笋

0201.韭菜

0202.香菜芫荽

0203.葱

0204.蒜

0205.姜

0206.洋葱

0207.辣椒统称

0208.茄子统称

0209.西红柿

0210.萝卜统称

0211.胡萝卜

0212.黄瓜

0213.丝瓜无棱的

0214.南瓜扁圆形或梨形，成熟时赤褐色

0215.荸荠

0216.红薯统称

0217.马铃薯

0218.芋头

0219.山药圆柱形的

0220.藕

四 动物

（一）一般动物

0221.老虎

0222.猴子

0223.蛇统称

0224.老鼠家里的

0225.蝙蝠

0226.鸟儿飞鸟，统称

0227.麻雀

0228.喜鹊

0229.乌鸦

0230.鸽子

0231.翅膀鸟的，统称

0232.爪子鸟的，统称

0233.尾巴

0234. 窝鸟的

0235. 虫子统称

0236. 蝴蝶统称

0237. 蜻蜓统称

0238. 蜜蜂

0239. 蜂蜜

0240. 知了统称

0241. 蚂蚁

0242. 蚯蚓

0243. 蚕

0244. 蜘蛛会结网的

0245. 蚊子统称

0246. 苍蝇统称

0247. 跳蚤咬人的

0248. 虱子

0249. 鱼

0250. 鲤鱼

0251. 鳙鱼胖头鱼

0252. 鲫鱼

0253. 甲鱼

0254. 鳞鱼的

0255. 虾统称

0256. 螃蟹统称

0257.青蛙统称

0258.癞蛤蟆表皮多疙瘩

（二）家畜家禽

0259.马

0260.驴

0261.骡

0262.牛

0263.公牛统称

0264.母牛统称

0265.放牛

0266.羊

0267.猪

0268.种猪配种用的公猪

0269.公猪成年的，已阉的

0270.母猪成年的，未阉的

0271.猪崽

0272.猪圈

0273.养猪

0274.猫

0275.公猫

0276.母猫

0277.狗统称

0278.公狗

0279.母狗

0280.叫狗~

0281.兔子

0282.鸡

0283.公鸡成年的，未阉的

0284.母鸡已下过蛋的

0285.叫公鸡~（即打鸣儿）

0286.下鸡~蛋

0287.孵~小鸡

0288.鸭

0289.鹅

0290.阉~公的猪

0291.阉~母的猪

0292.阉~鸡

0293.喂~猪

0294.杀猪统称，注意婉称

0295.杀~鱼

五　房舍器具

（一）房舍

0296.村庄一个~

0297.胡同统称：一条~

0298.街道

0299.盖房子

0300.房子整座的，不包括院子

0301.屋子房子里分隔而成的，统称

0302.卧室

0303.茅屋茅草等盖的

0304.厨房

0305.灶统称

0306.锅统称

0307.饭锅煮饭的

0308.菜锅炒菜的

0309.厕所旧式的，统称

0310.檩左右方向的

0311.柱子

0312.大门

0313.门槛儿

0314.窗旧式的

0315.梯子可移动的

0316.扫帚统称

0317.扫地

0318.垃圾

（二）家具

0319.家具统称

0320.东西我的~

0321.炕土、砖砌的，睡觉用

0322.床木制的，睡觉用

0323.枕头

0324.被子

0325.棉絮

0326.床单

0327.褥子

0328.席子

0329.蚊帐

0330.桌子统称

0331.柜子统称

0332.抽屉桌子的

0333.案子长条形的

0334.椅子统称

0335.凳子统称

0336.马桶有盖的

（三）用具

0337.菜刀

0338.瓢舀水的

0339.缸

0340.坛子装酒的~

0341.瓶子装酒的~

0342.盖子杯子的~

0343.碗统称

0344.筷子

0345.汤匙

0346.柴火统称

0347.火柴

0348.锁

0349.钥匙

0350.暖水瓶

0351.脸盆

0352.洗脸水

0353.毛巾洗脸用

0354.手绢

0355.肥皂洗衣服用

0356.梳子旧式的，不是篦子

0357.缝衣针

0358.剪子

0359.蜡烛

0360.手电筒

0361.雨伞挡雨的，统称

0362.自行车

六 服饰饮食

（一）服饰

0363.衣服统称

0364.穿～衣服

0365.脱～衣服

0366.系～鞋带

0367.衬衫

0368.背心带两条杠的，内衣

0369.毛衣

0370.棉衣

0371.袖子

0372.口袋衣服上的

0373.裤子

0374.短裤外穿的

0375.裤腿

0376.帽子统称

0377.鞋子

0378.袜子

0379.围巾

0380.围裙

0381.尿布

0382.扣子

0383.扣~扣子

0384.戒指

0385.手镯

0386.理发

0387.梳头

（二）饮食

0388.米饭

0389.稀饭用米熬的，统称

0390.面粉麦子磨的，统称

0391.面条统称

0392.面儿玉米~，辣椒~

0393.馒头无馅的，统称

0394.包子

0395.饺子

0396.馄饨

0397.馅儿

0398.油条长条形的，旧称

0399.豆浆

0400.豆腐脑

0401.元宵食品

0402.粽子

0403.年糕用黏性大的米或米粉做的

0404.点心统称

0405.菜吃饭时吃的，统称

0406.干菜统称

0407.豆腐

0408.猪血当菜的

0409.猪蹄当菜的

0410.猪舌头当菜的，注意婉称

0411.猪肝当菜的，注意婉称

0412.下水猪牛羊的内脏

0413.鸡蛋

0414.松花蛋

0415.猪油

0416.香油

0417.酱油

0418.盐名词

0419.醋注意婉称

0420.香烟

0421.旱烟

0422.白酒

0423.黄酒

0424.江米酒酒酿，醪糟

0425.茶叶

0426.沏~茶

0427.冰棍儿

0428.做饭统称

0429.炒菜统称，和做饭相对

0430.煮～带壳的鸡蛋

0431.煎～鸡蛋

0432.炸～油条

0433.蒸～鱼

0434.揉～面做馒头等

0435.擀～面，～皮儿

0436.吃早饭

0437.吃午饭

0438.吃晚饭

0439.吃～饭

0440.喝～酒

0441.喝～茶

0442.抽～烟

0443.盛～饭

0444.夹用筷子～菜

0445.斟～酒

0446.渴口～

0447.饿肚子～

0448.噎吃饭～着了

七 身体医疗

（一）身体

0449.头人的，统称

0450.头发

0451.辫子

0452.旋

0453.额头

0454.相貌

0455.脸洗~

0456.眼睛

0457.眼珠统称

0458.眼泪哭的时候流出来的

0459.眉毛

0460.耳朵

0461.鼻子

0462.鼻涕统称

0463.擤~鼻涕

0464.嘴巴人的，统称

0465.嘴唇

0466.口水~流出来

0467.舌头

0468.牙齿

0469. 下巴

0470. 胡子嘴周围的

0471. 脖子

0472. 喉咙

0473. 肩膀

0474. 胳膊

0475. 手方言指（打√）：只指手；包括臂：他的～摔断了

0476. 左手

0477. 右手

0478. 拳头

0479. 手指

0480. 大拇指

0481. 食指

0482. 中指

0483. 无名指

0484. 小拇指

0485. 指甲

0486. 腿

0487. 脚方言指（打√）：只指脚；包括小腿；包括小腿和大腿：他的～压断了

0488. 膝盖指部位

0489. 背名词

0490. 肚子腹部

0491. 肚脐

0492.乳房女性的

0493.屁股

0494.肛门

0495.阴茎成人的

0496.女阴成人的

0497.肏动词

0498.精液

0499.来月经注意婉称

0500.拉屎

0501.撒尿

0502.放屁

0503.相当于“他妈的”的口头禅

（二）疾病医疗

0504.病了

0505.着凉

0506.咳嗽

0507.发烧

0508.发抖

0509.肚子疼

0510.拉肚子

0511.患疟疾

0512.中暑

0513.肿

0514.化脓

0515.疤好了的

0516.癣

0517.痣凸起的

0518.疙瘩蚊子咬后形成的

0519.狐臭

0520.看病

0521.诊脉

0522.针灸

0523.打针

0524.打吊针

0525.吃药统称

0526.汤药

0527.病轻了

八 婚丧信仰

（一）婚育

0528.说媒

0529.媒人

0530.相亲

0531.订婚

0532.嫁妆

0533.结婚统称

0534.娶妻子男子~，动宾

0535.出嫁女子~

0536.拜堂

0537.新郎

0538.新娘子

0539.孕妇

0540.怀孕

0541.害喜妊娠反应

0542.分娩

0543.流产

0544.双胞胎

0545.坐月子

0546.吃奶

0547.断奶

0548.满月

0549.生日统称

0550.做寿

（二）丧葬

0551.死统称

0552.死婉称，最常用的几种，指老人：他～了

0553.自杀

0554.咽气

0555.入殓

0556.棺材

0557.出殡

0558.灵位

0559.坟墓单个的，老人的

0560.上坟

0561.纸钱

（三）信仰

0562.老天爷

0563.菩萨统称

0564.观音

0565.灶神口头的叫法，其中如有方言亲属称谓要释义

0566.寺庙

0567.祠堂

0568.和尚

0569.尼姑

0570.道士

0571.算命统称

0572.运气

0573.保佑

九 人品称谓

（一）人品

0574.人一个～

0575.男人成年的，统称

0576.女人三四十岁已婚的，统称

0577.单身汉

0578.老姑娘

0579.婴儿

0580.小孩三四岁的，统称

0581.男孩统称：外面有个～在哭

0582.女孩统称：外面有个～在哭

0583.老人七八十岁的，统称

0584.亲戚统称

0585.朋友统称

0586.邻居统称

0587.客人

0588.农民

0589.商人

0590.手艺人统称

0591.泥水匠

0592.木匠

0593.裁缝

0594.理发师

0595.厨师

0596.师傅

0597.徒弟

0598.乞丐统称，非贬称（无统称则记成年男的）

0599.妓女

0600.流氓

0601.贼

0602.瞎子统称，非贬称（无统称则记成年男的）

0603.聋子统称，非贬称（无统称则记成年男的）

0604.哑巴统称，非贬称（无统称则记成年男的）

0605.驼子统称，非贬称（无统称则记成年男的）

0606.瘸子统称，非贬称（无统称则记成年男的）

0607.疯子统称，非贬称（无统称则记成年男的）

0608.傻子统称，非贬称（无统称则记成年男的）

0609.笨蛋蠢的人

（二）称谓

0610.爷爷呼称，最通用的

0611.奶奶呼称，最通用的

0612.外祖父叙称

0613.外祖母叙称

0614.父母合称

0615.父亲叙称

0616.母亲叙称

0617.爸爸呼称，最通用的

0618.妈妈呼称，最通用的

0619.继父叙称

0620.继母叙称

0621.岳父叙称

0622.岳母叙称

0623.公公叙称

0624.婆婆叙称

0625.伯父呼称，统称

0626.伯母呼称，统称

0627.叔父呼称，统称

0628.排行最小的叔父呼称，如“幺叔”

0629.叔母呼称，统称

0630.姑呼称，统称（无统称则记分称：比父大，比父小；已婚，未婚）

0631.姑父呼称，统称

0632.舅舅呼称

0633.舅妈呼称

0634.姨呼称，统称（无统称则记分称：比母大，比母小；已婚，未婚）

0635.姨父呼称，统称

0636.弟兄合称

0637.姊妹合称，注明是否可包括男性

0638.哥哥呼称，统称

0639.嫂子呼称，统称

0640.弟弟叙称

0641.弟媳叙称

0642.姐姐呼称，统称

0643.姐夫呼称

0644.妹妹叙称

0645.妹夫叙称

0646.堂兄弟叙称，统称

0647.表兄弟叙称，统称

0648.妯娌弟兄妻子的合称

0649.连襟姊妹丈夫的关系，叙称

0650.儿子叙称：我的~

0651.儿媳妇叙称：我的~

0652.女儿叙称：我的~

0653.女婿叙称：我的~

0654.孙子儿子之子

0655.重孙子儿子之孙

0656.侄子弟兄之子

0657.外甥姐妹之子

0658.外孙女儿之子

0659.夫妻合称

0660.丈夫叙称，最通用的，非贬称：她的~

0661.妻子叙称，最通用的，非贬称：他的~

0662.名字

0663.绰号

十 农工商文

（一）农业

0664.干活儿统称：在地里~

0665.事情一件~

0666.插秧

0667.割稻

0668.种菜

0669.犁名词

0670.锄头

0671.镰刀

0672.把儿刀~

0673.扁担

0674.箩筐

0675.筛子统称

0676.簸箕农具，有梁的

0677.簸箕簸米用

0678.独轮车

0679.轮子旧式的，如独轮车上的

0680.碓整体

0681.臼

0682.磨名词

0683.年成

（二）工商业

0684.走江湖统称

0685.打工

0686.斧子

0687.钳子

0688.螺丝刀

0689.锤子

0690.钉子

0691.绳子

0692.棍子

0693.做买卖

0694.商店

0695.饭馆

0696.旅馆旧称

0697.贵

0698.便宜

0699.合算

0700.折扣

0701.亏本

0702.钱统称

0703.零钱

0704.硬币

0705.本钱

0706.工钱

0707.路费

0708.花~钱

0709.赚卖一斤能~一毛钱

0710.挣打工~了一千块钱

0711.欠~他十块钱

0712.算盘

0713.秤统称

0714.称用秆秤~

0715.赶集

0716.集市

0717.庙会

（三）文化娱乐

0718.学校

0719.教室

0720.上学

0721.放学

0722.考试

0723.书包

0724.本子

0725.铅笔

0726.钢笔

0727.圆珠笔

0728.毛笔

0729.墨

0730.砚台

0731.信一封~

0732.连环画

0733.捉迷藏

0734.跳绳

0735.毽子

0736.风筝

0737.舞狮

0738.鞭炮统称

0739.唱歌

0740.演戏

0741.锣鼓统称

0742.二胡

0743.笛子

0744.划拳

0745.下棋

0746.打扑克

0747.打麻将

0748.变魔术

0749.讲故事

0750.猜谜语

0751.玩儿游玩：到城里～

0752.串门儿

0753.走亲戚

十一 动作行为

（一）具体动作

0754.看～电视

0755.听用耳朵～

0756.闻嗅：用鼻子～

0757.吸～气

0758.睁～眼

0759.闭～眼

0760.眨～眼

0761.张～嘴

0762.闭～嘴

0763.咬狗～人

0764.嚼把肉～碎

0765.咽～下去

0766.舔人用舌头～

0767.含～在嘴里

0768.亲嘴

0769.吮吸用嘴唇聚拢吸取液体，如吃奶时

0770.吐上声，把果核儿～掉

0771.吐去声，呕吐：喝酒喝～了

0772.打喷嚏

0773.拿用手把苹果～过来

0774.给他～我一个苹果

0775.摸～头

0776.伸～手

0777.挠～痒痒

0778.掐用拇指和食指的指甲～皮肉

0779.拧～螺丝

0780.拧～毛巾

0781.捻用拇指和食指来回～碎

0782.掰把橘子～开，把馒头～开

0783.剥～花生

0784.撕把纸～了

0785.折把树枝～断

0786.拔～萝卜

0787.摘～花

0788.站站立：～起来

0789.倚斜靠：～在墙上

0790.蹲～下

0791.坐～下

0792.跳青蛙～起来

0793.迈跨过高物：从门槛上～过去

0794.踩脚～在牛粪上

0795.翘～腿

0796.弯～腰

0797.挺～胸

0798.趴～着睡

0799.爬小孩在地上～

0800.走慢慢儿～

0801.跑慢慢儿走，别～

0802.逃逃跑：小偷～走了

0803.追追赶：～小偷

0804.抓～小偷

0805.抱把小孩～在怀里

0806.背～孩子

0807.搀～老人

0808.推几个人一起～汽车

0809.摔跌：小孩～倒了

0810.撞人～到电线杆上

0811.挡你～住我了，我看不见

0812.躲躲藏：他～在床底下

0813.藏藏放，收藏：钱～在枕头下面

0814.放把碗～在桌子上

0815.摞把砖～起来

0816.埋～在地下

0817.盖把茶杯～上

0818.压用石头～住

0819.摁用手指按：～图钉

0820.捅用棍子～鸟窝

0821.插把香～到香炉里

0822.戳～个洞

0823.砍～树

0824.剁把肉～碎做馅儿

0825.削～苹果

0826.裂木板～开了

0827.皱皮～起来

0828.腐烂死鱼～了

0829.擦用毛巾～手

0830.倒把碗里的剩饭～掉

0831.扔丢弃：这个东西坏了，～了它

0832.扔投掷：比一比谁～得远

0833.掉掉落，坠落：树上～下一个梨

0834.滴水～下来

0835.丢丢失：钥匙～了

0836.找寻找：钥匙～到

0837.捡～到十块钱

0838.提用手把篮子～起来

0839.挑～担

0840.扛 káng，把锄头～在肩上

0841.抬～轿

0842.举～旗子

0843.撑～伞

0844.撬把门～开

0845.挑挑选，选择：你自己～一个

0846.收拾～东西

0847.挽～袖子

0848.涮把杯子～一下

0849.洗～衣服

0850.捞～鱼

0851.拴～牛

0852.捆～起来

0853.解～绳子

0854.挪～桌子

0855.端～碗

0856.摔碗～碎了

0857.掺～水

0858.烧～柴

0859.拆～房子

0860.转～圈儿

0861.捶用拳头～

0862.打统称：他～了我一下

0863.打架动手：两个人在～

0864.休息

0865.打哈欠

0866.打瞌睡

0867.睡他已经～了

0868.打呼噜

0869.做梦

0870.起床

0871.刷牙

0872.洗澡

（二）抽象动作

0873.想思索：让我～一下

0874.想想念：我很～他

0875.打算我～开个店

0876.记得

0877.忘记

0878.怕害怕：你别～

0879.相信我～你

0880.发愁

0881.小心过马路要～

0882.喜欢～看电视

0883.讨厌～这个人

0884.舒服凉风吹来很～

0885.难受生理的

0886.难过心理的

0887.高兴

0888.生气

0889.责怪

0890.后悔

0891.忌妒

0892.害羞

0893.丢脸

0894.欺负

0895.装～病

0896.疼～小孩儿

0897.要我～这个

0898.有我～一个孩子

0899.没有他～孩子

0900.是我～老师

0901.不是他～老师

0902.在他～家

0903.不在他～家

0904.知道我～这件事

0905.不知道我～这件事

0906.懂我～英语

0907.不懂我～英语

0908.会我～开车

0909.不会我～开车

0910.认识我～他

0911.不认识我～他

0912.行应答语

0913.不行应答语

0914.肯～来

0915.应该～去

0916.可以～去

（三）言语

0917.说～话

0918.话说～

0919.聊天儿

0920.叫～他一声儿

0921.吆喝大声喊

0922.哭小孩～

0923.骂当面～人

0924.吵架动嘴：两个人在～

0925.骗～人

0926.哄～小孩

0927.撒谎

0928.吹牛

0929.拍马屁

0930.开玩笑

0931.告诉～他

0932.谢谢致谢语

0933.对不起致歉语

0934.再见告别语

十二 性质状态

（一）形貌

0935.大苹果～

0936.小苹果～

0937.粗绳子～

0938.细绳子～

0939.长线～

0940.短线～

0941.长时间～

0942.短时间～

0943.宽路~

0944.宽敞房子~

0945.窄路~

0946.高飞机飞得~

0947.低鸟飞得~

0948.高他比我~

0949.矮他比我~

0950.远路~

0951.近路~

0952.深水~

0953.浅水~

0954.清水~

0955.浑水~

0956.圆

0957.扁

0958.方

0959.尖

0960.平

0961.肥~肉

0962.瘦~肉

0963.肥形容猪等动物

0964.胖形容人

0965.瘦形容人、动物

0966.黑黑板的颜色

0967.白雪的颜色

0968.红国旗的主颜色，统称

0969.黄国旗上五星的颜色

0970.蓝蓝天的颜色

0971.绿绿叶的颜色

0972.紫紫药水的颜色

0973.灰草木灰的颜色

（二）状态

0974.多东西~

0975.少东西~

0976.重担子~

0977.轻担子~

0978.直线~

0979.陡坡~，楼梯~

0980.弯弯曲：这条路是~的

0981.歪帽子戴~了

0982.厚木板~

0983.薄木板~

0984.稠稀饭~

0985.稀稀饭~

0986.密菜种得~

0987.稀稀疏：菜种得～

0988.亮指光线，明亮

0989.黑指光线，完全看不见

0990.热天气

0991.暖和天气

0992.凉天气

0993.冷天气

0994.热水

0995.凉水

0996.干干燥：衣服晒～了

0997.湿潮湿：衣服淋～了

0998.干净衣服～

0999.脏肮脏，不干净，统称：衣服～

1000.快锋利：刀子～

1001.钝刀～

1002.快坐车比走路～

1003.慢走路比坐车～

1004.早来得～

1005.晚来～了

1006.晚天色～

1007.松捆得～

1008.紧捆得～

1009.容易这道题～

1010.难这道题~

1011.新衣服~

1012.旧衣服~

1013.老人~

1014.年轻人~

1015.软糖~

1016.硬骨头~

1017.烂肉煮得~

1018.糊饭烧~了

1019.结实家具~

1020.破衣服~

1021.富他家很~

1022.穷他家很~

1023.忙最近很~

1024.闲最近比较~

1025.累走路走得很~

1026.疼摔~了

1027.痒皮肤~

1028.热闹看戏的地方很~

1029.熟悉这个地方我很~

1030.陌生这个地方我很~

1031.味道尝尝~

1032.气味闻闻~

1033.咸菜~

1034.淡菜~

1035.酸

1036.甜

1037.苦

1038.辣

1039.鲜鱼汤~

1040.香

1041.臭

1042.馊饭~

1043.腥鱼~

（三）品性

1044.好人~

1045.坏人~

1046.差东西质量~

1047.对账算~了

1048.错账算~了

1049.漂亮形容年轻女性的长相：她很~

1050.丑形容人的长相：猪八戒很~

1051.勤快

1052.懒

1053.乖

1054.顽皮

1055.老实

1056.傻痴呆

1057.笨蠢

1058.大方不吝啬

1059.小气吝啬

1060.直爽性格~

1061.犟脾气~

十三 数量

（一）数字

1062.一～二三四五……，下同

1063.二

1064.三

1065.四

1066.五

1067.六

1068.七

1069.八

1070.九

1071.十

1072.二十有无合音

1073.三十有无合音

1074.一百

1075.一千

1076.一万

1077.一百零五

1078.一百五十

1079.第一～，第二

1080.二两重量

1081.几个你有～孩子？

1082.俩你们～

1083.仨你们～

1084.个把

（二）量词

1085.个一～人

1086.匹一～马

1087.头一～牛

1088.头一～猪

1089.只一～狗

1090.只一～鸡

1091.只一～蚊子

1092.条一～鱼

1093.条一～蛇

1094.张一～嘴

1095.张一～桌子

1096.床一～被子

1097.领一～席子

1098.双一～鞋

1099.把一～刀

1100.把一～锁

1101.根一～绳子

1102.支一～毛笔

1103.副一～眼镜

1104.面一～镜子

1105.块一～香皂

1106.辆一～车

1107.座一～房子

1108.座一～桥

1109.条一～河

1110.条一～路

1111.棵一～树

1112.朵一～花

1113.颗一～珠子

1114.粒一～米

1115.顿一～饭

1116.剂一～中药

1117.股一～香味

1118.行一～字

1119.块一～钱

1120.毛角：一～钱

1121.件一～事情

1122.点儿一～东西

1123.些一～东西

1124.下打一～，动量，不是时量

1125.会儿坐了一～

1126.顿打一～

1127.阵下了一～雨

1128.趟去了一～

十四 代副介连词

（一）代词

1129.我～姓王

1130.你～也姓王

1131.您尊称

1132.他～姓张

1133.我们不包括听话人：你们别去，～去

1134.咱们包括听话人：他们不去，～去吧

1135.你们～去

1136.他们～去

1137.大家～一起干

1138. 自己我～做的

1139. 别人这是～的

1140. 我爸～今年八十岁

1141. 你爸～在家吗?

1142. 他爸～去世了

1143. 这个我要～，不要那个

1144. 那个我要这个，不要～

1145. 哪个你要～杯子?

1146. 谁你找～?

1147. 这里在～，不在那里

1148. 那里在这里，不在～

1149. 哪里你到～去?

1150. 这样事情是～的，不是那样的

1151. 那样事情是这样的，不是～的

1152. 怎样什么样：你要～的?

1153. 这么～贵啊

1154. 怎么这个字～写?

1155. 什么这个是～字?

1156. 什么你找～?

1157. 为什么你～不去?

1158. 干什么你在～?

1159. 多少这个村有～人?

（二）副词

1160.很今天～热

1161.非常比上条程度深：今天～热

1162.更今天比昨天～热

1163.太这个东西～贵，买不起

1164.最弟兄三个中他～高

1165.都大家～来了

1166.一共～多少钱？

1167.一起我和你～去

1168.只我～去过一趟

1169.刚这双鞋我穿着～好

1170.刚我～到

1171.才你怎么～来啊？

1172.就我吃了饭～去

1173.经常我～去

1174.又他～来了

1175.还他～没回家

1176.再你明天～来

1177.也我～去；我～是老师

1178.反正不用急，～还来得及

1179.没有昨天我～去

1180.不明天我～去

1181.别你～去

1182.甭不用，不必：你～客气

1183.快天～亮了

1184.差点儿～摔倒了

1185.宁可～买贵的

1186.故意～打破的

1187.随便～弄一下

1188.白～跑一趟

1189.肯定～是他干的

1190.可能～是他干的

1191.一边～走，～说

（三）介词连词

1192.和我～他都姓王

1193.和我昨天～他去城里了

1194.对他～我很好

1195.往～东走

1196.向～他借一本书

1197.按～他的要求做

1198.替～他写信

1199.如果～忙你就别来了

1200.不管～怎么劝他都不听

肆　语法

说 明

调查要求

（1）根据例句内容，提供方言中与此内容尽可能相同或接近的说法，所提供的句子包括所用词语必须是在方言中能自然接受和使用的。

（2）优先提供方言中可说而与例句结构相同或相近的用例。

（3）除了与例句结构相同的用例外，假如另有意义相同而结构不同的句子，并且其常用度和自然度超过或至少不亚于结构相同的用例，也请提供，并将常用性和自然度更高的用例列在前面。

（4）假如方言中没有结构相同或相似的说法，则按要求（1）提供自然的方言说法。

各例句调查要点

0001. 小张昨天钓了一条大鱼，我没有钓到鱼。

（1）最普通的主动宾式陈述句及其否定句的结构和语序，体现一种语言的基本语序。

（2）完成体否定用词。在汉语中一般不同于普通否定词，如“没（有）”＝“不”。但有少数方言两种否定词同形，都用“没”、“冇”或都用“不”。

（3）否定句的语序。有些方言否定句宾语倾向于前移充当句首或句中的话题（大主语）。如果几种语序都常见，可按常用度、自然度都列出。

0002.a. 你平时抽烟吗？

b. 不，我不抽烟。

（1）表示惯常性行为的否定词。一般不同于完“成”体的否定词。

（2）用于应答的否定词。有些方言相当于“不”的否定词不能单独成句，至少需要加上动词或语气词等，请按实际状况写出。

（3）是非疑问句的语序。有的方言这类句子宾语倾向于前移充当句首或句中的话题（大主语）。参看例句 1 之（3）。

（4）否定陈述句中的语序。参看例句 1 之（3）。

0003.a. 你告诉他这件事了吗？

b. 是，我告诉他了。

（1）用“告诉”引出的双宾句。一些方言没有与“告诉”对应的双宾动词，而用“说给他听”这类结构。

（2）“是”这类系词作为肯定应答词单独成句的能力。

（3）用肯定应答词来回答是非疑问句的方法。

0004. 你吃米饭还是吃馒头？

（1）选择问句。

（2）选择问句所用的连词。有的方言可用“是”等其他词语来连接。

（3）选择问句中的动宾语序。

0005. 你到底答应不答应他？

（1）是否有正反疑问句？

（2）正反疑问句中谓语动词的完整性。有的方言倾向于说“答不答应”。

（3）正反疑问句中宾语的位置。有的方言宾语倾向于位于第一个动词后，即“答应他不答应”。有的进一步缩减成“答应他不”。

0006.a. 叫小强一起去电影院看《刘三姐》。

b. 这部电影他看过了。/ 他这部电影看过了。/ 他看过这部电影了。选择在该语境中最自然的一种形式回答，或按自然度列出几种形式。

（1）作为有定已知信息的宾语的语序。有些方言在这种情况下较排斥宾语后置于动词，即使允许宾语后置，但可能不够自然，所以问卷提供几种句式供选择。

（2）由“叫”引出的兼语结构。

（3）经验体标记，即“过”的对应成分。

0007. 你把碗洗一下。

处置式的祈使句。

0008. 他把橘子剥了皮，但是没吃。

（1）保留宾语句，处置介词的宾语和动词后的宾语有整体和部分的关系。有些方言可能很难接受保留宾语句，只能用其他结构来对应，如将两者合并为“橘子的皮”。

（2）完成体助词的消失义。“剥皮”有消失义，有些方言除了完成助词外还需要“掉”一类表消失的补语。

（3）转折分句连词“但是”。

0009. 他们把教室都装上了空调。

（1）保留宾语句，处置介词的宾语是处所成分。如果处置宾语不能是处所成分，可以改用“在教室里都装上了空调……”之类说法。

（2）趋向补语“上”的引申用法。

0010. 帽子被风吹走了。

（1）使用被动介词的被动句。

（2）用“走”充当离开义结果补语。

0011. 张明被坏人抢走了一个包，人也差点儿被打伤。

（1）有保留宾语的被动句。主语和保留宾语有领有者和被领有的关系。

（2）后一分句是被动标记后直接加动词，施事位置空缺。有些方言“被”类标记后不能直接加动词，若此，则可加入施事成为“被他 / 人打伤”之类。

0012. 快要下雨了，你们别出去了。

（1）表示近将来事件推测的情态动词（助动词）。普通话用“要”，其他方言不一定用“要”。

（2）否定祈使句及其否定词。该否定词经常以合音的形式出现。

（3）参看例句 1 之（2）。

0013. 这毛巾很脏了，扔了它吧。

（1）肯定祈使句。

（2）宾语在动词后，未用处置式。

（3）表示消失性结果，能否只用“了”，还是需要“掉”一类其他结果补语？如果这个“了”念 [lou] 一类音，请写成“喽”。

（4）指示词和名词直接组合，中间不用量词。有些方言必须中间加量词。

0014. 我们是在车站买的车票。

（1）分裂式焦点句，强调“是”后的“在车站”，动词和宾语之间用“的”类结构助词而不是“了”一类体助词。如没有该句式，可能会使用“我们是在车站买车票的”、“我们买车票是在车站”等，请据实记录。总之，请优先采用能强调“（在）车站”的当地说法而不是简单地用没有强调义的“我们在车站买了车票”之类。

（2）“在”一类介词后能否光用“车站”一类名词？还是必须加上方位词说成“在车站里”等。优先调查“在车站”能否说，不能说再调查是否说“在车站里”等。

0015. 墙上贴着一张地图。

（1）由及物动词构成的典型的存在句。

（2）用“上”作为表示表面而非上方的方位词。有的方言不用“上”。

（3）存在句所用的体助词。

0016. 床上躺着一个老人。

由不及物（非宾格）动词构成的典型的存在句及所用的体助词。

0017. 河里游着好多小鱼。

由不及物动词构成的动态存在句。允许动态存在句存在的方言可能不多，本句意思有些方言可能要用其他句式表示。

0018. 前面走来了一个胖胖的小男孩。

（1）出现句（与存在句各为存现句的一种）。

（2）形容词生动形式。“胖胖的”也可以用“胖乎乎的”等其他生动形式。假如“胖”没有生动形式，可改用“很胖的”之类程度结构。

0019. 他家一下子死了三头猪。

（1）消失句（也是存现句的一种）。

（2）“死”是否必须加“掉”一类消失性补语。

（3）“猪”的搭配量词。

0020. 这辆汽车要开到广州去。/ 这辆汽车要开去广州。 选择本方言中最自然的一种说法，或按常用度列出几种说法。

（1）带有位移方式动词（“开”）、来去动词和目的地三个成分的位移句，有两种常见表达法。一是用“到”一类词介引目的地成分构成连动句，二是直接由来去动词做补语介引目的地成分？后一式在很多方言中没有，普通话也不太说。如果两式都有，则按自然度和常用度排列。

（2）量词能否单独限制名词表示定指，说成“部汽车”之类？如指示词可带可省，可将指示词放在括号内。如广州“（呢）部汽车要开去广州”。

0021. 学生们坐汽车坐了两整天了。

（1）动词拷贝句，即同一个动词重复两次，先带宾语后带补语。这里是带时量补语。

（2）普通指人名词的复数形式。假如没有复数形式，则按实际使用的形式记录。

（3）表新情况出现的句末语气词。

0022. 你尝尝他做的点心再走吧。

（1）动词重叠表示短时少量及尝试。

（2）按时间顺序排列的连动句。

0023.a. 你在唱什么？

b. 我没在唱，我放着录音呢。

（1）特指疑问句及其否定答句。

（2）进行体的几种表达方式是否都存在，一是动词前用副词性的“在”，二是动词后用持续体助词“着”等，三是句末语气词“呢”等。

（3）进行体的否定用“没”类还是“不”类？

0024.a. 我吃过兔子肉，你吃过没有？

b. 没有，我没吃过。

（1）经验体的表达方式，包括经验体助词。

（2）经验体谓语的正反疑问形式。

（3）经验体谓语的否定形式。

0025. 我洗过澡了，今天不打篮球了。

（1）经验体标记和常规行为的完成体标记是否使用同一个助词？此句的“过”不是表示严格的经验体，即至今为止的人生中有无此经历，而是常规性行为的完成与否。

（2）表已然的“了”一类句末语气词的用法。

0026. 我算得太快算错了，让我重新算一遍。

（1）重新范畴语义的表达法。在有些方言中用动词后的“过”一类表示，或“重新”一类副词和动词后加成分同时使用。如有“让我算过一遍”之类带重新义附加成分的现象，请写出。

（2）不同补语种类带“得”一类补语标记助词的情况。

0027. 他一高兴就唱起歌来了。

（1）动词开始体的表达法。

（2）双音节趋向补语和宾语一起出现时宾语的位置。

（3）“一…… 就”关联格式。

0028. 谁刚才议论我老师来着？

（1）动词的近过去时表达。

（2）提问点在主语的特指疑问句。

（3）基于社会关系的领属结构。

0029. 只写了一半，还得写下去。

（1）动词的继续体。

（2）数量、范围小于预期的动词限定表达法。除了用“只”一类副词，有的方言也使用动词后的“得”之类附加成分。

（3）“得”一类表示必要性的能愿助动词。

0030. 你才吃了一碗米饭，再吃一碗吧。

（1）与“才”相当的限定副词。

（2）与“再”相当的重行体表达手段及其语序。有些方言用句末的“添”、“凑”一类成分，如有，要记出。

0031. 让孩子们先走，你再把展览仔仔细细地看一遍。

（1）与表示行为先行的“先”相当的表达手段及其语序。有的方言用句末的“先”一类副词表达。

（2）有无指人名词的复数形式？

（3）方式状语助词。假如没有“仔细”的重叠形式，可以用其他适合状语位置的形式。

0032. 他在电视机前看着看着睡着了。

（1）是否有修饰主要谓语的表示时间背景性行为的形态手段？这类形态是否用某种重叠形式表示，是否带持续体助词？

（2）连动句的一种。

0033. 你算算看，这点钱够不够花？

（1）专用的尝试体貌标记（比表示短时少量的 VV 式更明确地表示尝试）。注意是否含表示“看”或“试”的词语？

（2）形容词的正反问形式。

0034. 老师给了你一本很厚的书吧？

（1）最基本的表示给予的双宾结构。

（2）测度性疑问句。

（3）定语标记助词。

0035. 那个卖药的骗了他一千块钱呢。

（1）表示剥夺对方及自己获得的双宾结构。

（2）“动词语＋的”格式的转指行为施事者的名词化手段。

（3）表示程度高、数量大的夸饰句末的语气词。

0036.a. 我上个月借了他三百块钱。借入。

b. 我上个月借了他三百块钱。借出。如与 a 句相同，注“同 a”即可。

由表示进出双向的“借”一类动词所带的双宾结构。重点关注两种语义是否可以用同样的句式表示，造成此类句式为歧义句。假如不会造成歧义句，则分两句写出。

0037.a. 王先生的刀开得很好。王先生是医生（施事）。

b. 王先生的刀开得很好。王先生是病人（受事）。如与 a 句相同，注“同 a”即可。

（1）此类表达中主语的定语可以指接受手术的病人，也可能是施行手术的医生。假如两种意义在方言中能如上面那样用同样的句式表达，则 b 句写“同 a”即可。

（2）状态补语助词。

0038. 我不能怪人家，只能怪自己。

（1）反身代词做宾语。

（2）与“自己”意义相对的相当于“人家”的人称代词。

（3）与“不能”相当的否定能愿助动词组合。

0039.a. 明天王经理会来公司吗？

b. 我看他不会来。

（1）表示可能的助动词。

（2）该助动词的否定形式。假如该否定形式是合音形式，请注音。

（3）话语标记“我看”。

（4）是非疑问句的疑问助词。也可能无此助词只能用正反问表达。

0040. 我们用什么车从南京往这里运家具呢？

（1）表示工具、位移源点和终点的介词。

（2）由疑问代词充当定语的特指疑问句。

（3）适合于特指疑问句的语气词“呢”。

0041. 他像个病人似的靠在沙发上。

（1）表示比喻比拟的介词类成分。

（2）可以用在动词后的介词类成分。

0042. 这么干活连小伙子都会累坏的。

（1）用“连”一类成分标记的“连…… 都”类强调句式。

（2）有无“累坏”这类“形容词+形容词”的补充结构。

（3）表示肯定语气的句末语气词。

0043. 他跳上末班车走了。我迟到一步，只能自己慢慢走回学校了。请设想几个大学生外出后返校的情景。

（1）用动词后的趋向动词介引处所成分（跳上……，走回……）。

（2）反身代词的强调用法（在状语位置。反身用法则在宾语这类位置）。

0044. 这是谁写的诗？谁猜出来我就奖励谁十块钱。

（1）特指疑问词出现在疑问句内的关系从句中（这是很多疑问代词要移位的语言所不允许的）。

（2）两个疑问代词连用表示回指性的控制项—变项关系（近似于所谓“驴子句”的语义）。

0045. 我给你的书是我教中学的舅舅写的。

关系从句结构。分别提取原小句的直接宾语（书）和主语（舅舅）。

0046. 你比我高，他比你还要高。

差比句。包括不带预设的差比句（你比我高）和已带预设的差比句（“他比你还要高”预设“你高”）。

0047. 老王跟老张一样高。

等比句。

0048. 我走了，你们俩再多坐一会儿。

（1）句末“了”用于即将发生的事件。

（2）有无“两个”的合音词“俩”？假如既能用“你们俩”也能用“你俩”，记为“你（们）俩”。

（3）与副词“再”相当的表增量义的方言成分。

0049. 我说不过他，谁都说不过这个家伙。

（1）可能补语和宾语的语序。特别是要比较代词宾语和名词宾语语序是否有异，假如有“说他不过”一类语序请记录下来。

（2）用疑问代词表达全称量化。

0050. 上次只买了一本书，今天要多买几本。

（1）表示范围数量小于预期的限定副词。是否用动词后的“得”一类附加成分？

（2）表示增添义的“多”类成分的位置。在有些方言中这种“多”要用在动词后。

例 句

0001. 小张昨天钓了一条大鱼，我没有钓到鱼。

0002.a. 你平时抽烟吗？

b. 不，我不抽烟。

0003.a. 你告诉他这件事了吗？

b. 是，我告诉他了。

0004. 你吃米饭还是吃馒头？

0005. 你到底答应不答应他？

0006.a. 叫小强一起去电影院看《刘三姐》。

b. 这部电影他看过了。/ 他这部电影看过了。/ 他看过这部电影了。

选择在该语境中最自然的一种形式回答，或按自然度列出几种形式。

0007. 你把碗洗一下。

0008. 他把橘子剥了皮，但是没吃。

0009. 他们把教室都装上了空调。

0010. 帽子被风吹走了。

0011. 张明被坏人抢走了一个包，人也差点儿被打伤。

0012. 快要下雨了，你们别出去了。

0013. 这毛巾很脏了，扔了它吧。

0014. 我们是在车站买的车票。

0015. 墙上贴着一张地图。

0016. 床上躺着一个老人。

0017. 河里游着好多小鱼。

0018. 前面走来了一个胖胖的小男孩。

0019. 他家一下子死了三头猪。

0020. 这辆汽车要开到广州去。/ 这辆汽车要开去广州。选择本方言中最自然的一种说法，或按常用度列出几种说法。

0021. 学生们坐汽车坐了两整天了。

0022. 你尝尝他做的点心再走吧。

0023.a. 你在唱什么？

b. 我没在唱，我放着录音呢。

0024.a. 我吃过兔子肉，你吃过没有？

b. 没有，我没吃过。

0025. 我洗过澡了，今天不打篮球了。

0026. 我算得太快算错了，让我重新算一遍。

0027. 他一高兴就唱起歌来了。

0028. 谁刚才议论我老师来着？

0029. 只写了一半，还得写下去。

0030. 你才吃了一碗米饭，再吃一碗吧。

0031. 让孩子们先走，你再把展览仔仔细细地看一遍。

0032. 他在电视机前看着看着睡着了。

0033. 你算算看，这点钱够不够花？

0034. 老师给了你一本很厚的书吧？

0035. 那个卖药的骗了他一千块钱呢。

0036.a. 我上个月借了他三百块钱。借入。

b. 我上个月借了他三百块钱。借出。如与 a 句相同，注“同 a”即可。

0037.a. 王先生的刀开得很好。王先生是医生（施事）。

b. 王先生的刀开得很好。王先生是病人（受事）。如与 a 句相同，注“同 a”即可。

0038. 我不能怪人家，只能怪自己。

0039.a. 明天王经理会来公司吗？

b. 我看他不会来。

0040. 我们用什么车从南京往这里运家具呢？

0041. 他像个病人似的靠在沙发上。

0042. 这么干活连小伙子都会累坏的。

0043. 他跳上末班车走了。我迟到一步，只能自己慢慢走回学校了。请设想几个大学生外出后返校的情景。

0044. 这是谁写的诗？谁猜出来我就奖励谁十块钱。

0045. 我给你的书是我教中学的舅舅写的。

0046. 你比我高，他比你还要高。

0047. 老王跟老张一样高。

0048. 我走了，你们俩再多坐一会儿。

0049. 我说不过他，谁都说不过这个家伙。

0050. 上次只买了一本书，今天要多买几本。

伍　话语

一 讲述

说明：

请优先选择第1-3个话题，以便反映当地的地方文化特色。

0001. 当地情况

您觉得本地哪些方面比较好？哪些方面不太好？例如经济水平、交通条件、文化教育、环境、气候等方面。如果来你们这里旅游，有哪些景点？有哪些特色食品？有哪些土特产？请详细介绍一下。

0002. 风俗习惯

本地有哪些比较特殊或比较有特色的风俗习惯？具体情况是怎样的？例如婚丧嫁娶、宗教活动、娱乐活动等。

0003. 传统节日

本地一年当中有哪几个重要的传统节日？这几个节日都有什么活动？这些活动是怎么举行的？各个节日分别有什么特色食品？这些食品是怎么做的？这些传统节日现在有什么变化？

0004. 个人经历

请谈谈您的个人经历。

还记得童年、少年时代的生活吗？那时候的生活条件怎么样？小时候都玩些什么游戏？怎么玩的？当时上学辛苦吗？中小学的老师和同学的情况怎么样？

长大后的经历和目前的生活情况。

您的人生经历中最满意和最成功的事。

0005. 工作情况

您是从事什么工作的？请介绍一下您的工作经历和具体的工作情况，工作中有哪些有趣的事情，有哪些值得跟大家分享的体会？

0006. 业余爱好

您有什么业余爱好？请谈谈具体情况。
您喜欢旅游吗？都去过哪些地方？请谈谈一些有趣的旅游经历。
0007. 家庭情况
您家里有哪几个人？他们都是干什么的？请谈谈具体情况。

二　对话

说明：
请从上文 1-7 里选择若干个话题，围绕该话题进行对话和讨论。

陆　口头文化

一 歌谣

说明：
例如童谣（儿歌）、摇篮曲、民歌等。

0001.

0002.

0003.

0004.

0005.

0006.

0007.

0008.

0009.

0010.

0011.

0012.

0013.

0014.

0015.

0016.

0017.

0018.

0019.

0020.

二 故事

（一）规定故事

0021. 牛郎和织女

古时候，有一个小伙子，父母都去世了，孤苦伶仃，家里只有一头老牛，大家都叫他牛郎。

牛郎靠老牛耕地为生，与老牛相依为命。老牛其实是天上的金牛星，他喜欢牛郎勤劳善良，所以想帮他成个家。

有一天，金牛星得知天上的仙女们要到村东边山脚下的湖里洗澡。他就托梦给牛郎，要他第二天早晨到湖边去，趁仙女们洗澡的时候，取走一件仙女挂在树上的衣裳，然后头也不回地跑回家来，就会得到一位美丽的仙女做妻子。

这天早晨，牛郎半信半疑地到了山脚下，在朦胧之中，果然看见七个美女在湖中戏水，他立即拿起树上的一件粉红衣裳，飞快地跑回家。

这个被抢走衣裳的仙女就是织女。当天夜里，她轻轻敲开牛郎家的门，两人做了恩爱夫妻。

一转眼三年过去了，牛郎和织女生了一男一女两个孩子，一家人过得很开心。但是，织女私自下凡的事被玉皇大帝知道了。有一天，天上电闪雷鸣，并刮起大风，下起大雨，织女突然不见了，两个孩子哭着要妈妈，牛郎急得不知如何是好。

这时，那头老牛突然开口了："别难过，你把我的角拿下来，变成两个箩筐，装上两个孩子，就可以上天宫去找织女了。"牛郎正奇怪，牛角就掉到了地上，真的变成了两个箩筐。牛郎把两个孩子放到箩筐里，用扁担挑起来，只觉得一阵清风吹过，箩筐像长了翅膀，突然飞了起来，腾云驾雾地向天宫飞去。飞啊，飞啊，眼看就要追上织女了，却被王母娘娘发现了，她拔下头上的一根金钗，在牛郎、织女中间一划，立刻出现一条波涛滚滚的天河，宽得望不到对岸，把小两口隔开了！

喜鹊非常同情牛郎和织女。每年农历的七月初七，成千上万只喜鹊都飞到天河上，一只衔着另一只的尾巴，搭起一座长长的鹊桥，让牛郎和织女团聚。

（二）其他故事

0022.

0023.

0024.

0025.

0026.

0027.

0028.

0029.

0030.

三 自选条目

说明：

例如口彩、禁忌语、隐语、骂人话、顺口溜、谚语、歇后语、谜语、曲艺、戏剧、吟诵、祭祀词等。

0031.

0032.

0033.

0034.

0035.

0036.

0037.

0038.

0039.

0040.

0041.

0042.

0043.

0044.

0045.

0046.

0047.

0048.

0049.

0050.

0051.

0052.

0053.

0054.

0055.

0056.

0057.

0058.

0059.

0060.

0061.

0062.

0063.

0064.

0065.

0066.

0067.

0068.

0069.

0070.

0071.

0072.

0073.

0074.

0075.

0076.

0077.

0078.

0079.

0080.

0081.

0082.

0083.

0084.

0085.

0086.

0087.

0088.

0089.

0090.

0091.

0092.

0093.

0094.

0095.

0096.

0097.

0098.

0099.

0100.

柒　地方普通话

一 讲述规定故事

牛郎和织女

古时候，有一个小伙子，父母都去世了，孤苦伶仃，家里只有一头老牛，大家都叫他牛郎。

牛郎靠老牛耕地为生，与老牛相依为命。老牛其实是天上的金牛星，他喜欢牛郎勤劳善良，所以想帮他成个家。

有一天，金牛星得知天上的仙女们要到村东边山脚下的湖里洗澡。他就托梦给牛郎，要他第二天早晨到湖边去，趁仙女们洗澡的时候，取走一件仙女挂在树上的衣裳，然后头也不回地跑回家来，就会得到一位美丽的仙女做妻子。

这天早晨，牛郎半信半疑地到了山脚下，在朦胧之中，果然看见七个美女在湖中戏水，他立即拿起树上的一件粉红衣裳，飞快地跑回家。

这个被抢走衣裳的仙女就是织女。当天夜里，她轻轻敲开牛郎家的门，两人做了恩爱夫妻。

一转眼三年过去了，牛郎和织女生了一男一女两个孩子，一家人过得很开心。但是，织女私自下凡的事被玉皇大帝知道了。有一天，天上电闪雷鸣，并刮起大风，下起大雨，织女突然不见了，两个孩子哭着要妈妈，牛郎急得不知如何是好。

这时，那头老牛突然开口了："别难过，你把我的角拿下来，变成两个箩筐，装上两个孩子，就可以上天宫去找织女了。"牛郎正奇怪，牛角就掉到了地上，真的变成了两个箩筐。牛郎把两个孩子放到箩筐里，用扁担挑起来，只觉得一阵清风吹过，箩筐像长了翅膀，突然飞了起来，腾云驾雾地向天宫飞去。飞啊，飞啊，眼看就要追上织女了，却被王母娘娘发现了，她拔下头上的一根金钗，在牛郎、织女中间一划，立刻出现一条波涛滚滚的天河，宽得望不到对岸，把小两口隔开了！

喜鹊非常同情牛郎和织女。每年农历的七月初七，成千上万只喜鹊都飞到天河上，一只衔着另一只的尾巴，搭起一座长长的鹊桥，让牛郎和织女团聚。

二 朗读

（一）诚实与信任

一天深夜，我开车从外地回北京。天很黑，又有点雾，尽管有路灯，能见度仍然很差。

快到家时，汽车刚从快车道进入慢车道，便听到“咔嚓”一声。我以为汽车出了故障，赶快停了车。一检查，发现右侧的反光镜碎了。我往回走了五六米，看见一辆小红车停靠在路边，左侧的反光镜也碎了。这辆车的车头超出停车线二三十厘米，但它毕竟是停着的，责任应该在我。

我环顾四周，看不见一个人，便在路灯下写了一张字条，压在小红车的雨刷下。字条上，我写明自己的姓名、电话，希望车主与我联系。

事隔三天，一位陌生女子打来电话，她就是小红车的主人。

“噢！是你，很对不起，我不小心把你汽车的反光镜碰坏了。”

“没有关系，已经换上了。我打电话是向你表示感谢的。”

“不，是我要向你表示歉意。请你把购货单据寄来，好让我把钱寄给你。”

“不用了。你在无人知晓的情况下主动给我留下字条，这使我很感动。”

“这是应该的，这笔费用应由我来支付。”

“不，人与人之间还有比金钱更重要的东西，你给我留下了诚实和信任，这比金钱更重要。我再一次谢谢你！”说完她搁下了电话。

我很后悔，居然没有问她的姓名、地址，也不知道她的年龄、职业，但她的话却深深地印在了我的脑海里。

（二）大学生村官

天刚亮，二十三岁的小魏就早早地起了床，推开门，洗完脸后，他开始打扫起小院儿的卫生。

大学毕业来到这个位于北京怀柔的小山村，小魏有了一个新的称呼："村官"。与那些土生土长的村官不同，他更准确的名称是"大学生村官"。

小魏是在今年的村官招聘会上被村里的老领导看中的。"村里有三个乡镇企业，企业发展需要人才，小伙子看上去比较老实，又是学工商管理的，专业比较合适，正是我们要找的人。"

小魏到村里的第二天就骑着自行车把整个村子逛了个遍。周末他又跑到镇上，熟悉整个市镇的环境。"现在村里有多少亩地，几家企业、几户人家，我全知道。"说起这些，小魏很自豪。

刚来的时候正赶上村里的民主日，村委会要对上半年的工作做个总结，向全体村民公布。小魏根据村领导的介绍，很快写出了三份报告。

这些天还有一件让小魏很兴奋的事，村里准备给他买一台电脑。"有了电脑就好了，上网查资料、和外界联系就方便多了，而且，我还想为村里建个网站，把村子介绍出去，让更多的人来这里投资。"

初来乍到的小魏在工作中也遇到了一些困难。不久前，小魏还和一个来村委会办事的村民发生了误会，弄得双方都不太愉快。对他来说，这里还有很多需要学习的东西。

到这个村子已经快一个月了，谈起对这里的最初印象，小魏说："当时觉得这里离城里很远。"

"那么为什么还会选择到这里来当村官呢？"

"因为我来自农村，对农村比较了解，想通过这几年的锻炼，让自己有更多的经验，也为农村作些贡献。再说现在找工作压力比较大，我觉得到农村工作也是不错的选择。家人也比较支持我。"小魏解释说。比起在城市里工作的同学，小魏觉得自己不必为吃饭、交通、水电等事情操心，省了不少事。"我可以用这些时间来更好地充实自己。"在小魏的书桌上，整齐地放着《会计学》、《经济学》等书籍。他利用在这里工作的业余时间，准备注册会计师资格的考试。

后　记

为了开展“中国语言资源有声数据库建设”项目，中国语言资源有声数据库建设领导小组办公室组织编写了《中国语言资源有声数据库调查手册·汉语方言》一书，由商务印书馆于2010年出版。

该《调查手册》是在教育部语言文字信息管理司的领导和支持下完成的。初稿的“调查规范”部分整合了语信司多个课题的研究成果，“调查表”的语音、词汇、语法分别由曹志耘、李如龙、刘丹青编写。经过多次试点调查和反复讨论修改，最终由曹志耘加工编写成书。为《调查手册》付出智慧和劳动的人员有（音序）：蔡长虹、曹志耘、陈敏、顾黔、郭龙生、何瑞、侯精一、黄行、李斌、李如龙、李宇明、栗华益、刘丹青、刘俐李、刘晓海、潘悟云、汪平、王莉宁、王铁琨、魏晖、谢俊英、杨尔弘、张振兴、赵晓群等。（参看该书后记）

《调查手册》出版之后，在江苏、上海、北京、广西、山东、福建等多个省（区市）的语言资源有声数据库建设工作中广泛使用，经过长期实践，已得到大家普遍认可。与此同时，我们也陆续听到调查团队提出的有关意见和建议。

2014年，国家科技支撑计划项目“三方工程中国语言资源有声数据库技术规范与平台研发”获批立项。该项目旨在为中国语言资源有声数据库建设提供全面先进的技术支撑，《调查手册》的修订工作列为其中“有声数据库技术规范研究”课题的子课题之一，由北京语言大学负责实施。子课题立项后，我们根据各地调查中提出来的问题以及有关专家的意见，对《调查手册》进行了全面的检查和修订。

2015年，规模浩大的“中国语言资源保护工程”正式启动。该工程涵盖了全国汉语方言调查和少数民族语言调查工作。在教育部语信司的指示下，我们根据中国语言资源保护工程的要求，对《调查手册》做了进一步的增删调整，主要包括：

1.“调查表”中增加“口头文化”部分，包括歌谣、故事、自选条目3类，总时长共20分钟。这3类要求至少各转写1条（歌谣1分钟以上，故事3分钟以上，自选条目1分钟以上），转写内容包括汉字、国际音标、普通话意译。

2.单字、词汇、例句、话语、口头文化、地方普通话录音时都要求同步摄像。

3. 话语的“讲述”部分删除规定故事《牛郎和织女》（移至口头文化部分）。“对话”部分由40分钟减为20分钟。

4. 删除把“方言老男”的话语录音材料转写成汉字的要求，改为各发音人的话语录音材料（包括讲述、对话）每条需提供一个内容梗概。

5. 背景噪音由“控制在-60以下”改为“控制在-48以下”。

6. 提出组建专业摄录团队的工作模式。

7. 更名为《中国语言资源调查手册·汉语方言》。

本次修订工作由曹志耘、刘晓海、王莉宁负责。在本次修订过程中，我们通过举行座谈会、发放征求意见表等方式向有关专家和工作人员广泛征求意见，并请中国语言资源保护工程专家咨询委员会有关专家和项目负责人对修改稿进行审议。修订完成后，教育部语信司决定把本书列入《中国语言生活绿皮书》A系列，作为中国语言资源保护工程中“汉语方言调查”类项目的技术规范和调查表。商务印书馆对本书的出版一如既往地给予高度重视，责任编辑金欣欣在编校工作中付出了大量心血。对上述单位和人员，我们表示衷心的感谢！同时，真诚欢迎本书使用者继续提出意见和建议，以便今后进一步修改完善。

中国语言资源保护研究中心

2015年4月